WTO―シアトル以後

下からのグローバリゼーション

石見 尚・野村かつ子 著

緑風出版

はじめに

ＷＴＯ（世界貿易機関）はドーハ（カタール）での第四回ＷＴＯ閣僚会議（二〇〇一年一一月九〜一四日）で、ＧＡＴＴ（囲み記事）から引き継いだ多角的貿易交渉を新ラウンドとして再開するにあたり、こんどこそ交渉を二〇〇五年一月一日までに終結に導くという期限を決定した。しかし、期待に反して、二〇〇三年九月一〇〜一四日のカンクン（メキシコ）での第五回閣僚会議でも合意に達せず、恒例になっている閣僚会議宣言さえ出すことができずに散会した。ＷＴＯの新ラウンドは、なぜかくも紛糾するのであろうか。

ガット

関税と貿易に関する一般協定（General Agreement on Tariffs and Trade）のこと。第一次世界大戦後、各国が自国経済の保護のために、外国にたいして関税障壁を高くし、互いに報復関税の引き上げをした。そのことが、世界的に不況と失業を招き、戦争に突入したという反省が、第二次大戦後に生まれた。そのため、多角的交渉で貿易障壁を除去し、自由貿易体制を築こうとして、一九四八年に二三カ国が同意して生まれた国際経済協定である。

日本は一九五二（昭和二七）年、講和条約を結び、アメリカなどによる占領統治から独立国家としての主権を回復した。そして日本は一九五五（昭和三〇）年九月、ガットに加盟した。

一九五九（昭和三四）年、東京でガット総会が開催され、日本にたいして貿易自由化促進要求が出た。政府は一九六〇年、貿易為替自由化促進閣僚会議を設置した。そしてその年五月、農林水産物九五〇品目のうち、コメ、麦、酪農品、砂糖などを除く八〇%を自由化し、翌六一年、大豆の自由化を加えた。

その間、日本の工業生産力の回復は目覚しく、強い国際競争力によって、国際収支が黒字に転じた。一九六三（昭和三八）年二月、ガット理事会で日本代表は、日本がガット一一条国（国際収支を理由とする貿易制限の禁止）へ移行することを声明した。そして同年、蜂蜜、バナナ、六四年にはラワン加工材の輸入自由化、六六年に木材の完全自由化を決めた。一九七一年にグレープフルーツ、生きた牛、豚の輸入を自由化し、あとは基本食糧であるコメ、麦などの自由化を残すのみとなった。

ガットでは多国間貿易交渉のことをラウンドと呼ぶのであるが、一九七九年までに七回のラウンドを重ね、世界的に鉱工業製品の関税引き下げがかなり進展した。しかし非関税障壁の問題が未解決であり、この問題の解決と農業自由化の基本合意のために、ウルグァイのプンタ・デル・エステで八回目になるウルグァイ・ラウンド（一九八六～九四年）を開始した。

しかし、ウルグァイ・ラウンドでは、非関税障壁の問題に関連して、関税と輸出補助金、さらに国内農業など零細企業にたいする補助金政策、海外生産のための投資保護、サービス貿易や知的所有権（特許権）の問題、環境・労働・人権と貿易の問題、先進工業国と発展途上国との間の均衡発展の問題、また情報技術など技術移転の問題、民間航空機の問題、ＥＣ（欧州共同体、ＥＵの前身）のような地域経済ブロック化など様々な新しい国際経済関係の難問が続出してきた。そして、アメリカとＥＵ（欧州連合）、日本との利害調整の必要、南と北の貿易と開発をめぐる政策対立、中国その他加盟国の増加による運営問題が表面化してきた。

そのため、一九九四（平成六）年四月、マラケシュ（モロッコ）での理事会の最終合意によって、ガットという協定に基づく交渉を打ち切り、新たな国際機関としてのＷＴＯ（World Trade Organization 世界貿易機関）を立ち上げることになった。

紛糾の基本的な理由は、ＷＴＯの会議の背景に、三者つまり、①多国籍企業、②南北多数の国家、③それに反対する国際的労働者・市民運動組織の間の複雑に錯綜した関係があるからである。いままで世界の政治史において、これら三つの勢力が国際舞台の主役として登場し、新しい世界のあり方をめぐってヘゲモニーを争うということはなかった。いまわれわれが見ているＷＴＯの姿は、まさに先人たちの経験しなかった世界の新しい現実である。歴史は確実に新しい時代に入ったのである。

歴史は現実社会の矛盾が引き起こすダイナミズムの中から創られる。ＷＴＯの混乱はその矛盾の集中的な現われである。私たちはＷＴＯの混乱から、次の新しい世界の発展法則をポジティブに引き出すことができないであろうか。

ＷＴＯに反映している主要矛盾についていくつかを指摘しておこう。

矛盾の第一は、多角的貿易交渉を裏から推進する多国籍企業による市場の自由化政策にある。すなわち資本主義は、自然環境や人間の労働力や生命資源など、本来、商品でないものをも、あえて商品として市場経済のなかにとりこんで発展してきたが、多国籍化した発展段階では、生産力の巨大化と市場の狭隘性との矛盾がさらに先鋭化していることを、そこに読みとることができる。科学技術の進歩と多国籍企業に代表される巨大資本の生産力は、ジャンボ航空機やコンピューター、テレコミュニケーション、ロケット、大型船舶を生み出した。現代の交通通信の発達は世界の移動時間を短縮し、コミュニケーションを濃密にしたことは事実である。しかし自然、人間、固有の文化・習慣など商品でないものを、商品の単純な論理に従わせようという資本の欲望をもかきたてた。それには、水を逆さに流すのと同様に無理がある。

つまり世界の気候・風土、歴史の違いに応じて、違った国柄が多様性をもって存在するのが自然である。それを無視して、貿易の自由化を通じて、資本の単一の市場法則に染めあげようとするのは、大きい虚構である。そういう虚構は、資本の生産力と市場の矛盾が地球的規模に拡大したことを物語っている。

矛盾の第二は、WTOの多国間貿易交渉を推進している直接の勢力は多国籍企業であることは明白であるが、その実現は南北の多数の国民（主権）国家の協議を通じて解決しなければならないという現代国際政治のシステムにある。グローバリゼーションは国民国家の権能を侵食しつつあるが、多国籍企業が市場を地球的規模に広げるには、国民国家によって構成される現在のWTOを利用しなければならないという矛盾である。

二一世紀のグローバルな生産力の発展のもとで、従来の国民国家的な国益を掲げて取引すること、国際的に利害打算の駆け引きをすることは、国民国家の外部矛盾であるが、「国益」という一般的表現のなかに、国内での資本家的企業と国民生活の矛盾、また市場経済とそれに対して商品化を拒否する自然・人間との矛盾が混在している。これは国民国家の内部矛盾である。国民国家はWTOの場で内部矛盾と外部矛盾の調整の局面に立たされるのである。

日本は世界のトップ水準に発展した近代工業部門とその反面、農業にその典型を見る零細企業との二極構造によって成りたっている。そのため世界の貿易交渉の場では、一方で「自由化」を主張し、他方では「保護」の立場を固守することになる。これは明らかに矛盾である。ＷＴＯという経済交渉で、日本は「農業の多面的価値」を「保護」の理由として防戦しようとする。エコロジーを唱えることは間違いではない。しかしＷＴＯの場にそのまま持ち出すのは、いささか場違いの感がある。やはりＷＴＯのような経済交渉の場では、経済の論理で闘うべきであろう。その理論と政策はなにか。それは世界にむかって堂々と行動で示すことのできる理論でなければならない。

矛盾の第三は、ＷＴＯの協議に抗議する労働者・市民運動である。一九九九年のシアトルでの第三回ＷＴＯ閣僚会議の抗議運動に参加した団体は六〇〇団体を超えた。参加できなかったが第三世界ネットワークの抗議声明に賛同、署名した団体を加えると、その数は数千にのぼるであろう。ＷＴＯを動かす多国籍企業に対抗して世界を変えるもうひとつの主要矛盾のダイナミズムを、シアトルに結集した社会運動に見ることができる。

しかし、このアンチＷＴＯの勢力は、ＷＴＯの協議項目、たとえば農業や労働、環境、食糧、知的所有権、人権、発展途上国・後発途上国の自立など、問題事項にたいする権利侵害への抗議が運動の動機になっており、多種多様な団体の集合体である。イデオロギーによる反対団体もあれば個別具体的要求に基づく反対運動もある。これらの多種多様な社会運動が、現在のＷＴＯに集約された現代の主要矛盾をダイナミックに転換するには、単なる抗議運動を超えるポジティブな政策展望と思想を必要とするであろう。ＷＴＯに「ノー」というだけでは、歴史は変わらない。オルタナティブな世界の枠組みについての構想が求められる。

そのため、本書では、第二次大戦後、世界的規模に発展した貿易と開発に関する交渉の略史を付表として加えた。

また第一章「WTOの予想された行き詰まり」では、ガット、ウルグァイ・ラウンドにおける農業交渉を例としてとりあげ、紛糾の原因と打開の糸口をしめすことにした。

第二章では、WTOの農業交渉の背景をあきらかにすることに力点をおいた。日本ではとかくコメ問題に集中しがちで、しばしばアメリカからの農業攻勢にたいする日本農業の防衛というように、十杷一《じっぱ》からげの国益論で捉える論調が多いが、農業交渉の階級的本質を見ることを避けては通れないと思われる。その一助として、アメリカ農業を見聞によって点描した。日本農民の敵はアメリカ農民ではなく、アメリカの精米業者、製粉業者、アグリビジネス（農業関連産業）であることをあきらかにしたい。その背景にあるのは多国籍企業である。その一部として穀物取引の世界的大企業名を具体的にあげて参考に供する。

また世界で第二の国民総生産をあげている日本は、近年、外国に事業拠点をもつ企業が増えている。この事実を日本人は確認する必要があると思うので、多国籍化している日本の企業名を列記することにする。実は、問題は日本の現代資本主義の構造にあることを指摘したいのである。

第三章は、ＷＴＯの閣僚会議における公式の交渉経過の概略を追跡し、それとあわせて、ＷＴＯに反対する発展途上国や先進工業国の市民運動グループの運動とその主張を、やや詳しく紹介する。シアトル事件は発展途上国のＮＧＯ、労働組合、環境、人権、宗教などの多種多様な運動が、反ＷＴＯに結集した非暴力、不服従の抗議運動であった。

第四章は、ＷＴＯ諸ラウンドで何とか自らの主張を強行しようという新帝国主義のグローバルな社会経済原理に代わって、共存の道を求める世界市民のオルタナティブな社会経済の原理についてである。

多国籍企業と少数の巨大国家の政府が主導する新自由主義の原理は、その矛盾によって、早晩、転換せざるを得ない。それに代わって登場するのは、北と南が共存する貿易と開発の原理である。それは単に思弁からは生まれはしない。ＷＴＯとの対決運動を通じてのみ創造される。結論的に言うと、「下からのグローバリゼーション」が力を増す時代であり、その原理は協同社会を基礎とする原理になるであろう。その方策について、あえて議論の種子を提案する。

ＷＴＯについては、海外市民活動情報センターがパブリック・シティズン著『誰のためのＷＴＯか？』（原著一九九九年）を翻訳し、緑風出版から二〇〇一年に刊行した。ＷＴＯ

の今日の混乱した事態は、その当時から予想されたところであった。その後のアンチWTOの世界的な市民運動の広がりは、予想にたがわぬものとなった。いやそれ以上の高まりと言わなければならない。この反グローバリゼーションの運動は、これからのWTOの行方に大きく影響するであろう。そればかりではなく、イラク戦争後の世界の政治経済に関係してくると思われる。

そこで、前書『誰のためのWTOか』（二〇〇一年）に続いて、WTOシアトル閣僚会議前後の国際的市民運動とその背景を説明することが緊急の課題であると考えた。そしてさらに、WTOを契機とする次のグローバル市民社会の方向について、そして正しいグローバリゼーションの原理とWTOの改革について、多くの読者とともに検討していきたいと思うのである。

本書の刊行にあたっては、大竹財団から助成を頂いた。お礼を申し上げる次第である。

二〇〇四年三月二〇日

目次

WTO――シアトル以後

下からのグローバリゼーション

第二章　何のためのＷＴＯか　43

第三章　閣僚会議――そして「緑のグループ」と南の反乱　89

第一章

ＷＴＯの予想された行き詰まり

1　ＷＴＯの発足

ガットは一九四八年一月に設立された。それ以来、八回のラウンド（多角的貿易交渉のこと）が行なわれた。八回目のラウンドは一九八六年九月にウルグァイのプンタ・デル・エステで始まったので、国名にちなんでウルグァイ・ラウンドと呼ばれている。このラウンドは一九八六年に始まり一九八九年に終結する予定であったが、交渉が難航し、終結したのは一九九四年であった。

ウルグァイ・ラウンドでは、農業と繊維の交渉が重点となったが、モノの貿易を対象とする以外にも、サービス、貿易関連投資措置、知的所有権のような新しい分野が貿易自由化の交渉対象となり、討議課題が拡大した。そのため一九九四年四月のマラケシュ（モロッコ）閣僚会議で、ガットを協定に基づく交渉からＷＴＯという機関に格上げし、一九九五年一月から発足する合意がなされた。

ガットがＷＴＯに格上げされたからと言って、貿易自由化を推進する勢力と意図については変わるところがない。また本部はジュネーブにあるガットの建物と事務局スタッフを引き継いだものである点でも、ＷＴＯはガットの延長線上にあることは明らかである。し

図－1　ＷＴＯの機構

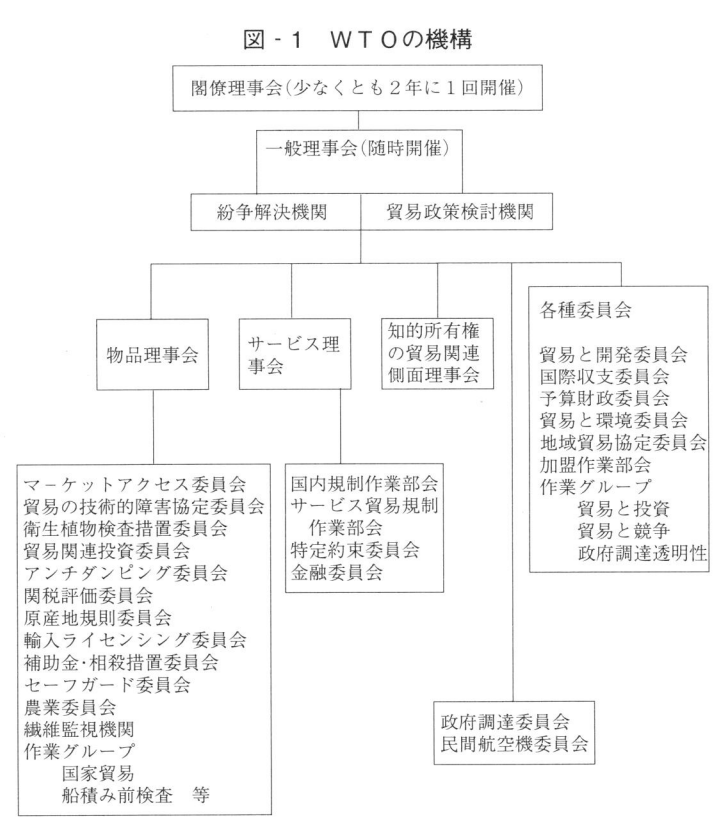

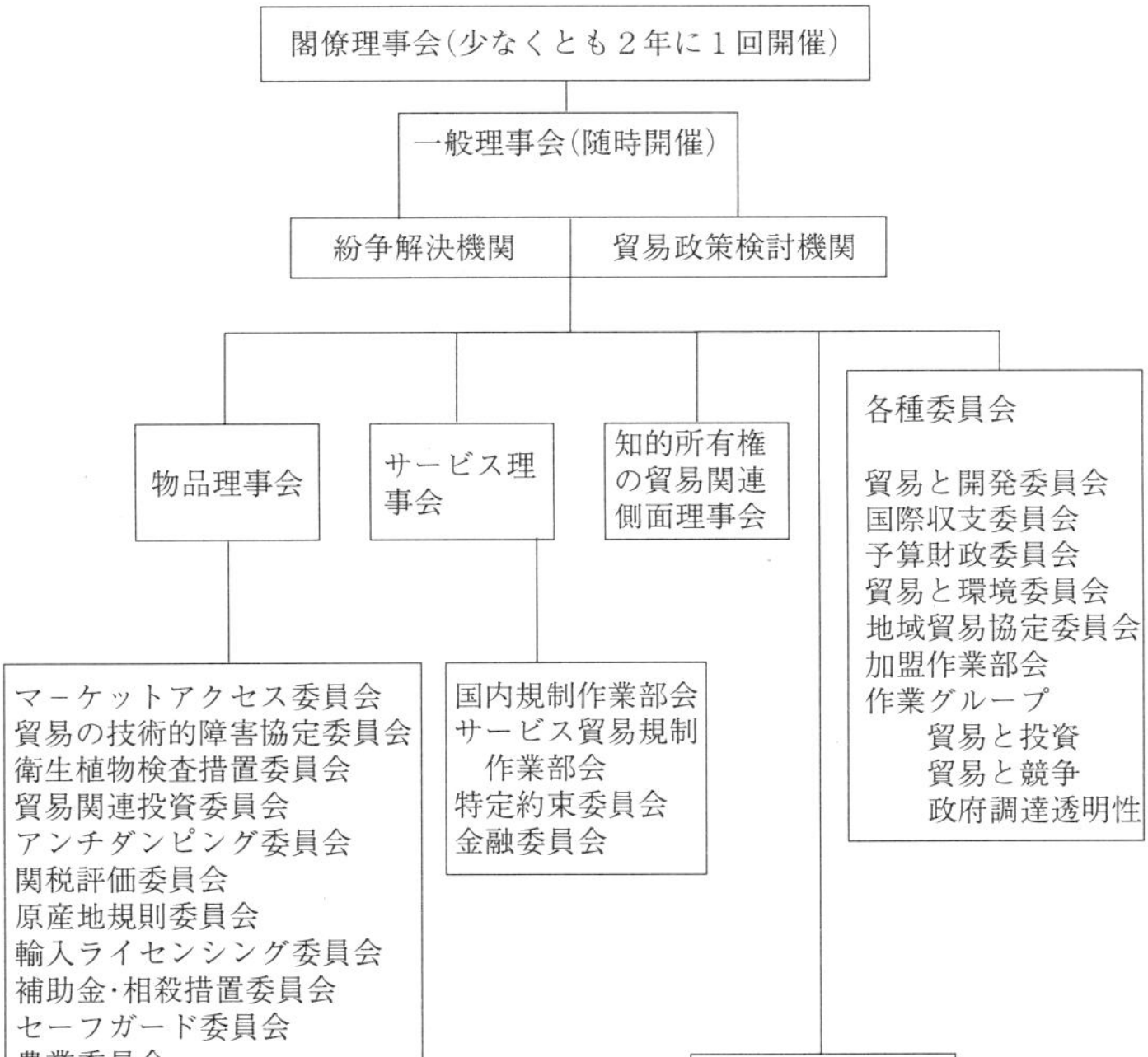

備考　渡辺頼純編著『ＷＴＯハンドブック』（ジュトロ、2003年）による

かしＷＴＯが機関として運営される形式を、「ＷＴＯ協定」によって整えたことは見落としてはならない点である。

ＷＴＯ協定は本体と付属文書からなっている。本体ではＷＴＯの任務、組織、地位などを定め、そのなかで加盟国の閣僚会議を二年ごとに開催すること、モノの貿易、サービスの貿易、知的所有権の貿易などの理事会と各種委員会を設けることを定めた（図-1）。

付属文書ではＷＴＯの協議事項を定めている。すなわち、

第一　モノの貿易に関する多角的協定、サービスの貿易に関する一般協定、知的所有権の貿易関連の側面に関する協定

第二　紛争解決に関する規則、手続き

第三　貿易政策検討制度

第四　民間航空機貿易に関する協定、政府調達に関する協定

である。

ＷＴＯ協定は重要であるが、本書の目的はＷＴＯの制度的解説をすることではなく、ＷＴＯをめぐる国際諸勢力の葛藤を明らかにすることである。そして新しい世界のあり方を探ることが目的である。ＷＴＯの協議事項には重要なものがたくさんあるが、紙数の都合ですべてを取り上げることはできないし、ＷＴＯの本質をあきらかにするには、その必要

もない。この章では、ＷＴＯの本質が良くわかる農業交渉を例にとって検討しよう。

2　農業交渉――ウルグァイ・ラウンドからＷＴＯへ

ウルグァイ・ラウンドで合意が最も進展したのは、農業交渉の分野である。合意が進んだと言っても、対立と妥協の産物として、その一部の合意が成立したのであって、関税の追加的引き下げなどの困難な交渉がＷＴＯに持ち越された。

ウルグァイ・ラウンドで一応の合意をみた基本的分野は、主として次の三つである。

(1)　市場アクセス
(2)　輸出補助金
(3)　国内助成

これらは一九九五年から二〇〇〇年までに完全実施されることになったが、実行はこれからである。

(1)　市場アクセス

市場アクセスの中心的な考え方は、コメの輸入統制などの非関税輸入障壁を、国境措置として関税化に置き換えるということである。農産物の輸入数量規制を止め、市場取引の自由を前提とし、農業保護は次の一定の関税措置によって行なうということで合意がなされた。

＊一九九五年から六年間で、数量統制を関税に切り替え、関税の水準を段階的に平均三六％（途上国は一〇年間で平均二四％）削減する。

＊関税化した品目については、一定の輸入数量の増大があった場合や輸入価格が低下した場合には、関税を一定率（基準年すなわち一九八六〜八八年の内外価格差に等しい関税率）引き上げて、特別に保護できる。

その結果、多くの品目に関税化が導入された。しかし、一次関税は、義務輸入数量（ミニマム・アクセス）（注1）には低い関税が適用され、ミニマム・アクセスを超える輸入数量には高い二次関税を設定できるようになった。そのため、ミニマム・アクセスを越える輸入は増えなかった。

（注1）指定商品の関税による輸入自由化をしないかわりに、一定期間、最初の年は国内消費量の四％を義務的に輸入し、毎年その率を増加し、六年目には八％にする制度のこと。

ちなみに、北の主要国が関税化した品目を挙げておこう（表-1）。日本はコメのミニマム・アクセス（コメの豊凶にかかわらず四〇万トン、将来八〇万トンを輸入）で手を打ったが、コメに関するこのような国家貿易の固執が、日本にとって、はたして中長期的に吉と出るか凶と出るかは問題である。これについては後述する。

表-1　アメリカ、カナダ、EU、日本が関税化した主要農産品

国名	品目
アメリカ	牛肉、羊肉、ミルク、クリーム、アイスクリーム、ヨーグルト、バター、チーズ、落花生および調整品、マーガリン、甜菜糖（サトウダイコン）、砂糖菓子、綿など
カナダ	家禽、家禽肉、鶏卵、牛肉、ミルク、クリーム、ヨーグルト、バター、チーズ、小麦、小麦粉、大麦、麦加工品、マーガリン、チョコレート加工品、パスタなど
EU	牛、豚、羊、家禽、牛肉、豚肉、羊肉、食肉調整品、ミルク、クリーム、バター、チーズ、小麦、大麦、ライ麦、コメ、フスマ、とうもろこし、甜菜糖、オリーブ、オリーブ油、マーガリン、糖みつ、トマト、キューリ、スイートコーン、バナナ、オレンジ、ぶどう、リンゴ、ナシなど
日本	コメ、麦、指定乳製品、生糸以外の総ての品目

(2)　輸出補助金

輸出補助金は輸出の対外競争力をつけるために国が行なう補助金で、輸出品の市場活動への補助金、現物支給による輸出補助、補助金付きで売却された在庫品の輸出、輸出品の輸送の補助が対象となる。ウルグァイ・ラウンドでは次の合意がなされた。

＊輸出補助金を一九九五年から六年間で、平均三六％（途上国は一〇年間で二四％）削減する。

＊輸出補助金付き輸出数量を六年間で二一％（途上国は一〇年関で一四％）削減する。

しかし、その結果、アメリカの場合は、穀物商社が外貨の乏しい発展途上国に信用で販売し、その代金を途上国にアメリカの銀行が融資し、その貸付金の九八％を米国農務省の商品金融会社が保証することによって、輸出補助金の削減の抜け道をつくってしまった。EUは、アメリカのこの輸出信用保証制度が実質的に輸出補助金と同じだとして、次のWTOの農業交渉に論議を持ち越した。

(3) 国内助成

輸出農産物にかぎらず、農業生産の国際競争力を人為的に高めるための農業生産者に対する国内助成を次のように削減することにした。国内助成は、各品目の内外価格差に国内生産量を乗じた価格支持の合計額と不足払い補助金などの直接支払い金を加えた額で算定する。

＊一九九五年から六年間で、国内助成額を平均二〇％（途上国は一〇年間で一四％）削減する。

＊研究、普及、研修、検査、農業農村基盤整備、国内食糧の備蓄、（学校給食などの）国内食糧援助、生産に関連しないデカップリング（所得補償）、自然災害補償、環境保護、リタイア・農地転用・投資にたいする構造調整支援、地域対策援助は削減対象から除外する。

＊その他（略）。

しかし、たとえば研究、研修、環境保護、地域対策にたいする助成と農業生産助成とは厳密に区別できるかという問題が残った。

また削減対象となる助成金は上記のように各品目の合計量で測ることになるが、目的や対象で質の違うものを金銭的に合計することに、何の意味があるかの問題がある。しかも農業のように、各国の個性で条件や意味ないし価値の違うものについて、単なる貿易自由化の観点から、各国の主権にかかわる国内助成について、ＷＴＯが勝手に踏み込み干渉することが許されるのかどうかという基本問題が残った。

(4)　動植物衛生規則の適用に関する合意

市場アクセスが各国の国民の安全よりも優先すること、あるいはすくなくとも動植物輸入を食品衛生面の安全を理由として規制しないことに合意した。換言すると、各国の規制は、人間、動植物の生命や健康に最低限必要な限度に抑えること、また各国の政府は充分な科学的根拠なしには規制を維持しないことを保証する義務を負い、病虫害清浄地域、リスクアセスメント、(注2)保護の適正水準、透明性、通報手続き、技術援助について合意した。

このウルグァイ・ラウンドで合意したこうした貿易自由化措置のあとで、BSE(狂牛病)や鳥インフルエンザなどが発生することを、当時の協議者たちは考慮していただろうか。市場アクセスと同時に積極的な予防的な国際的調整措置をこそ合意すべきであり、何よりも国民の安全こそが最優先されるべきであった。

(注2)食品の安全および動植物の健康が輸入制限の安易な理由にならないように、国際的な基準、ガイドラインに従って、危険の評価と動植物保護の適切なレベルを決定する手続きや定義を定めるもの。

3　日本の対応について

日本は一九九三(平成五)年、細川政権のとき、ウルグァイ・ラウンドの大詰め交渉に際して、国内の保護主義者の反対を押し切って、農業貿易の自由化受け入れに踏み切った。その代償として、コメの関税化を阻止するため、コメの輸入義務制であるミニマム・アクセス（国内消費量の四％）を選択した。これは政府（官僚）にとって食糧庁によるコメの国家貿易組織を維持できたことを意味した。コメの輸入価格と国内価格の差益、一キロあたり約四〇〇円が食糧庁に入るからである。農協にとっては経済基盤が維持できたこと、保守政党にとっては農村の票田をつなぎとめることに成功したことを意味した。

しかしその後の三年はコメの豊作が続いたため、ミニマム・アクセスによる輸入義務がコメの過剰を増幅した。そのため、政府は一九九四年四月から、ミニマム・アクセスを半減できる関税化に切り換えた。しかし国家貿易だけは残すことに固執した。

日本は世界最大の食糧輸入国である。一九九〇年現在、トウモロコシでは世界輸入量の二二％、大豆は同じく一八％、食肉は一一％、小麦は五％を買い占めている。それだけ、自国の自給率を下げている。例えば、品目別自給率は、コメ一〇〇％を例外として、穀類二九％（うち小麦一六％）、豆類七％、野菜類九〇％、肉類六七％、牛乳・乳製品七七％、油脂類二四％である。この輸入依存の現実を見れば、一方では、食糧不足の途上国の輸入食料価格を高くし、また他方では、もし食糧農産物の輸出国が輸出制限をするとすれば、日本が窮地に立つことが明らかである。日本はこの事実を直視し、世界貿易において食糧の輸入と輸出のバランスをとる提案をすべきである。事実、ウルグァイ・ラウンドにおいて、日本はこの食糧バランスの観点から、輸出国に食糧輸出の数量制限を撤廃し、輸出税に置き換える提案をした。これはウルグァイ・ラウンドで合意されたＷＴＯ農業協定第二〇条「非貿易的関心事項」についての交渉で、「輸出基準の見直し」に関して、輸出農産物市場と国内農業保護の調整方法の一つとして、発展途上国から評価された。

日本の提案は、各国の品目別自給率の向上と輸出国の過剰生産の削減をどうバランスさせるかを輸入国の立場から提起したもので、ＷＴＯにこのような逆の発想があってもよかったのではないだろうか。

さらに言わせてもらえば、日本の消費者は、食糧の安全保障がコメの国家貿易によって保証されると勘違いしてきたのではなかろうか。また食糧の自給率を向上しさえすれば安心と考えたのではなかろうか。国内で自給すべきものと、途上国から輸入すべき、互恵共存の関係を提案し、また北の生産過剰国には生産過剰を抑制する提案をすべきである。これらは、ウルグァイ・ラウンドの次のＷＴＯにおいて展開すべき課題であった。

日本政府は一九九五年からのＷＴＯに臨む基本理念として、

① 農業の多面的機能へ配慮
② 各国の社会基盤となる食糧安全保障の確保
③ 農産物輸出国と輸入国に適用されるルールの不均衡の是正
④ 開発途上国への配慮

⑤　消費者・市民社会の関心への配慮

を掲げている。それはいずれも文句なく正しいことである。

しかし、それは単に理念に留まってはならない。①の農業の多面的機能の持続と、貿易の市場アクセス、とくに関税の引き上げ・引き下げ、輸出補助金、国内助成などの実務的措置の数値目標とどう関連づけるかが課題となる。

とくに②、③、④に関連して、世界の食糧安全保障にたいする日本の方針を数値目標としてあきらかにして、食糧貿易のあり方を示すべきであった。（注3）

（注3）国際食糧農業協会（ＦＡＯ）の推定によれば、世界の穀物消費の安全在庫水準は、世界の穀物消費量の一七～一八％であり、そのうち運転在庫で賄えるのは一二％、備蓄の必要は五～六％である。必要備蓄量六〇〇〇万～七〇〇〇万トンは小麦二八〇〇万トン、粗粒穀物二三〇〇万トン、コメ一一〇〇万トンである。備蓄施設は農場・農村集落施設、商業施設、港湾施設である。日本の出番がありそうである（ＦＡＯ編訳『食糧安全保障への道』ＦＡＯ、一九八五年による）。

マクロでの自給率論議に消費者・市民運動が巻き込まれることに注意を喚起したい。グローバリゼーションに対する市民の対抗戦略としては、マクロの自給率が運動目標になるのではなくて、地域での食糧の自給体制と環境やエネルギー、健康の観点から、地域自給を目的としたエコロジー農業を構築することである。その一つとして地域の輪作体系を編み出す土地管理の協同組織を作ること、そして少ない労働力を近隣の互助組合によって補いあうこと、地域で生活し就労できることを最優先の思想として、農林漁業を基盤にした商業、工業、サービス業を創り出し、労働者生産協同組合によって完全雇用の体制を構築することが不可欠である。食糧を食べ物だけで考えるのではなく、運搬や廃棄物処理に要するエネルギーも一緒に考えたフード・マイル(注4)を基準とする発想に変えなければならない。

(注4) 生産者と消費者の間の食糧の輸送距離。

それと同時に、この対抗戦略と逆行する多国籍企業にたいする批判と監視を強めなければならない。国内企業が多国籍化して海外に生産拠点、事業拠点を移し、安い製品を日本に運び入れることは、その企業に内外価格の差益を儲けさせるだけである。またそれは国内の雇用を減らして失業者を増やし、国内で循環処理できない余分な廃棄物を持ち込み、その山を築く結果となるからである。

4 アメリカの農民・市民の反対運動

世界の農産物輸出国であるアメリカの実情はどうか。アメリカの農産物の輸出が増えたのは、一九七〇年代からである。ニクソン政権（一九六九年一月～七四年八月）のとき、六〇年代の国際収支の赤字を解消するため、通貨の金・ドル本位制を放棄（一九七一年八月）してドル安に導き、変動相場制へ歴史的な転換に踏み切ったことは周知のところである。またアメリカはトウモロコシ、小麦などの輸出拡大で国際収支を改善しようと試みた。ウルグァイ・ラウンドより前、七四年に日本に圧力をかけ、牛肉、オレンジの自由化の約束を取り付けた。かくて七〇年代にアメリカの農産物輸出は六倍近く増大した。

マーク・リッチ氏

しかし八〇年代に入ると、輸出農産物の主産地では、化学肥料や農薬の多用、地下水の汲み上げによって地力の低下が現れてきた。農民団体や消費者団体、環境団体の粘り強い運動が功を奏して、農務省や共和党の反対にもかかわらず、有機農業の研究と普及に積極的に取り組むことを義務づける「一九八五年農業法」が可決された。

ここでアメリカの良心的な農業と貿易の研究家、マーク・リッチ（Mark Ritchie）氏のポスト・ウルグァイ・ラウンドのあり方について意見を聴こう。マーク・リッチ氏はミネアポリスに在住し、「農業・貿易政策研究所」を主宰して、農業者、市民むけのコンサルティング活動を精力的に行なっている。また機関紙『グリスト』（製粉用穀物）を発行している。氏によると、ウルグァイ・ラウンドからＷＴＯに持ち越される農業交渉の主要問題は、関税化、デカップリング、ハーモニゼーションの三つであるという。

(1) 関税化

レーガン政権（一九八〇年一一月〜八八年一一月）はじめ、その後のアメリカ政府は、世界を制覇する強いアメリカを目指して、食糧政策、農業政策を作り直すために、ガットとＷＴＯの農業交渉を利用してきた。それはレーガンが一九八七年七月に発表した「ダブル・ゼロ・プラン」に端を発している。ダブル・ゼロ・プランというのは、輸入統制の全般的廃止と輸出制限、輸出補助金の廃止である。輸出をしやすくするために、「ハーモニゼーション」の推進によって、食品の残留農薬、汚染物質に関する規制を国際的に平準化することを求めた。

このプランから利益を受けるのは、多国籍企業である。彼らはレーガン政権の「ダブル・ゼロ・プラン」の具体化のために積極的に動いた。カーギル穀物会社の元会長で最高経営責任者（ＣＥＯ）のダニエル・アムスタッツは、レーガン政権のガット交渉の農業担当主任交渉官に就任した。またカーギル、ラルストン・ピュリナ、ＡＤＭ、ゼネラル・ミルズ、ゼネラル・フーズ、コンチネンタル、グレインなどが多国籍貿易交渉連合を結成した。

アメリカではそれまでの二〇年間、農民保護のために、綿花、砂糖、小麦、ミルクおよびクリーム、バター、チーズ、ヨーグルト、牛肉、羊肉、やぎ肉、家畜、果物、野菜、落花生、マーガリン、甜菜糖、アイスクリームなどに、輸入数量の統制を行なってきた。これに対して、大量の砂糖を使うコカコーラやネッスル、また大量に牛肉を使うマクドナルドなどは、輸入統制を廃止するように、議会に働きかけてきた。これらの原料を無制限に輸入できるならば、農民に外国から買うという脅し文句を用いて、国内生産者価格を低く抑えることができるという目論見からであった。生産者に最低価格を保証する価格支持政策と自給化政策を廃止し、彼らの企業のコストを下げ、利潤を大きくできると考えたからである。そのため彼らの企業連合はレーガン政権に助けを求めた。食肉輸入法、連邦農業法の修正の要求も同様の目的からであった。

これに対し、農業者、消費者の団体、教会、環境保護団体からガットに反対する猛烈な反撃が起こった。全米農民同盟は、輸入統制が廃止されれば、貧しい国の安い食糧がアメリカに輸入され、それらの国の食糧価格が上昇し、貧しい人々は食べることができなくなる。また農業補助金が撤廃されれば、農民の営農負担が増え、離農者、失業者が出ると反対した。環境保護団体は、輸入統制がなくなれば、途上国の熱帯雨林の伐採が加速されると反対した。

こうした反対運動の高まりの結果、一九九一年一一月二五日、アメリカ上院の超党派六〇名以上の議員（総数の三分の二）が、ガットの農業合意に反対する声明を出した。そのため、輸入食糧の数量統制を廃止するための農業法改正が議会で否決されることを恐れた政府は、数量統制を関税措置に切り替え、関税を将来漸進的に下げてゆけば、輸入数量の撤廃と同様の効果を期待できると考えた。これが関税化の真相である。

これに対して、牛乳生産者連合と農民同盟牛乳販売協同組合との「酪農貿易連合」は、この関税化提案は家族経営酪農を破壊するとして反対し、この提案が撤回されなければ、市場には安価で品質の悪い酪農品があふれるであろうという声明を出した。アメリカ・トウモロコシ栽培者協会、全米綿作協議会、タバコ栽培協同組合、砂糖同盟などがこれに続いて、反対行動を起こした。

(2) デカップリング

レーガン政権はこうした農業プログラムを廃棄する代案として、デカップリングを打ち出した。デカップリングとは、農産物の輸入統制や価格支持の廃止の代償として、政府が対象農民の所得補償を直接支払う政策である。換言すると、農業自由化によって営農を続行できない農民にたいして、社会保障的な生活補給金を支給するものである。

デカップリング政策を主唱したのは、多国籍アグリビジネスである。デカップリングの政策はアメリカとＥＵの間の貿易戦争のなかから浮上した。ＥＵはアメリカからの油脂作物や大豆、トウモロコシ、飼料の輸入にたいして、国内農業保護の立場から課徴金を課した。アメリカ政府は国内の油料種子加工業者の圧力を受けて、課徴金は不法として、ガットに提訴した。その結末に不利を見たＥＵはそのＥＵ共通農業政策において、デカップリングを採用した。

しかし当のアメリカでは、家族経営農業団体、全米農民同盟、全米小麦生産者協会などが、デカップリング政策は農業政策を福祉政策に引き下げるものであり、これは農村不況の進行を前提にしたもので、納税者には高負担をもたらし、貿易収支を悪化させ、また粗放農業によって農地の土壌浸食を招く結果となると反論した。

(3) ハーモニゼーション

各国の面積あたりの農薬使用量は、作物の品種や自然条件、栽培条件によって違っている。たとえば、ブドウ、馬鈴薯、大豆について見ると、表‐2の通りである。

表‐2　農薬使用量（有効成分量）ヘクタールあたりキログラム

	ブドウ	馬鈴薯	大豆
日本	三〇・九		五・五
アメリカ	四七・八	一一・六	二・六
フランス	六一・八	一三・三	
イタリア	四五・〇	二三・三	
スペイン	一六・五	二・七	

備考　パッテル社資料（一九八三〜八五）、化学工業日報社『農薬の話ウソ・ホント』一六四頁による。

また各国はそれぞれ、食糧の残留農薬について、安全基準を設定している。農薬の安全性について、現在では、行政機関もメーカーも努力しているようであるが、「農薬は安全」ということにたいする消費者の不信感はいまだに消えていない。その点は日本人のほうがアメリカ人やその他の国民より敏感である。その原因は残留農薬に関するガットの許容基準が、国内の基準より甘いという意見があるからである。マーク・リッチによれば、アメリカのコーデックス農薬残留基準（注5）は環境保護庁の基準より甘く、対象品目も少なかった。ガットのいうハーモニゼーションとは、各国の設定している農薬の残留許容基準が貿易障壁にならないように国際的に整合をはかろうという趣旨のものであるから、甘い基準になるのが目に見えている。

（注5）ＦＡＯとＷＨＯが一九六二年に設置した国際食品規格委員会（ＣＯＤＥＸ）で、一六九カ国が参加している。事務局が残留農業の許容基準について原案を提出し、各国がそれぞれコメントを提出して総会で基準を決定する。

アメリカでも、消費者団体はハーモニゼーションに強く反撥した。ガット提案が合意されれば、当時のアメリカ食品医薬局が許可しているＤＤＴの一〇～五〇倍のＤＤＴが含まれる、バナナ、馬鈴薯、ニンジン、ブドウがスーパー・マーケットに並ぶからである。また乳牛の泌乳を刺激するホルモン剤、リンゴに発がん物質が使用される危険性があるからである。

消費者団体以外にも、グリーンピース、全米野生生物連盟、シエラクラブ、地球の友などの環境団体が反対運動を起こした。

5　行き詰まりを打開するには

マーク・リッチによれば、ウルグァイ・ラウンドの農業交渉の行き詰まりを打開する方法はただ一つしかない。それは、アメリカが口火を切って、アグリビジネスと利害関係者、つまり家族経営農民、消費者、環境保護団体、政治勢力などが支持できるような妥協的農業合意の道を探ることである。そのためには、ウルグァイ・ラウンドが掲げた三つの農業目標と上記の利害関係者が掲げる目標を対比することから始めなければならない。そのさい、参考になるのは、家族経営農民、消費者、環境保護団体などがウルグァイ・ラウンドの始まった一九八七年一一月、ガット本部に集結して提案した「公正な貿易」に関する次の七つの原則である。

①　それぞれの国は適切な食糧自給レベルと食糧安全保障を決定する権利が保障されなければならない。

②　各国は国際協定の枠内で、それぞれの農業政策を確立し運営する権利を保障されるべきである。

③　デカップリングなどの政府による福祉的給付金に依存するのではなく、適正な価格

で農産物を売ることによる収入を実現する農業政策がとられるべきである。

④　それぞれの国は生産物の需給を均衡させるための供給管理計画を実行する権利を保障されるべきである。

⑤　ダンピング輸出は、たとえそれがマーケット・シエアを確立し、参考価格をつくるためのものであっても、禁止されるべきである。

⑥　ガットの農業部門の交渉者は、発展途上国の特別なニーズを認めるべきである。

⑦　ガット交渉を継続する一方で、既存の国際機関による緊急非常措置が、在庫の削減・管理や公正な価格の確立、農家の収入の引き上げのために是非必要である。

この原則の提案以外にも、一九九二年八月、ヨーロッパの農民とアメリカの農民がフランスのストラスブールで共通の計画案を作成し、ダンケル最終合意書(注6)に抗議した運動がある。ＷＴＯがガットの行き詰まりを打開するためには、これらの公正な貿易原則を求める国際的農民の声に立ち返って、国際農業貿易のルールを確立する必要がある。

（注6）アーサー・ダンケルはガット事務局長。彼は、一九九二年一月、アメリカとＥＵとの対立をやわらげるため、ＥＵの国内支持価格の比較的に低い削減率（二〇％）とアメリカの補助金付き輸出量の削減（二四％）による妥協案を提出した。

第二章

何のためのＷＴＯか

貿易自由化の問題は安全保障の問題とならんで、日本とアメリカにとって、正しい相互依存関係を樹立すべき二大テーマの一つである。アメリカ農業のゆがみは、両国の貿易構造を通じて、日本農業のゆがみをもつくり出す。貿易自由化に関する限り、ＷＴＯは日米交渉の象徴的な場である。本章では、前章に続き、農業を例にとって、ＷＴＯの存在意義を検討しよう。

1　産軍複合体国家がゆがめた農業構造

アメリカは工業国であるが、相対的に見てやはり農業大国である。しかしそのアメリカの農業生産力は、一九五〇年代から始まった冷戦時代の食糧戦略に利用され、穀物を中心とした輸出作物に特化したいびつな構造になっている。ガットに続くＷＴＯは、一九八九年のソ連社会主義圏の崩壊後、アメリカのネオ・リベラリズム（囲み記事）派の新たな世界食糧戦略の場になっている。しかし客観的にみれば、世界市場の自由化を推進するネオ・リベラリズム派には世界の新経済秩序をうち建てる余裕がなく、むしろ産軍複合体の生き残りを賭けた交渉のように見える。

ネオ・リベラリズムと複雑系

第二次大戦後、資本主義諸国は一九五〇年代と六〇年代、経済成長を続けてきたので、この時期はゴールデン・エイジといわれる。しかし、一九六八年一月のアラブ石油輸出国機構（ＯＡＰＥＣ）の結成以後、石油価格の急上昇とともに、経済成長に転機がきた。日本、アメリカ、ＥＵでは一九六八～七三年の間、利潤率はゴールデン・エイジの最高期の三分の一に低落した。

五〇年代、六〇年代の繁栄はケインズ理論による財政出動による需要創出に支えられたものであったが、七〇年代後半からは、経済成長の自動回復には、生産の効率化と自由市場における競争原理の復活が必要との経済学者の説が有力になった。これは経済政策の軸足を需要サイドから供給サイドに移すもので、経済、政治、社会の見方、考え方の基本的枠組みを転換するもので、パラダイム・シフトと言われる。

そういうパライダイム・シフトは、一九八〇年代後半に、資本主義が自動的活力を取り戻すために、経済の規制緩和を進め、国営企業を民営化し、官業の民間委託など、市場原理を強行的に回復する政策がとられるようになった時期から決定的になった。これに拍車をかけたのが、ソ連型社会主義の崩壊や福祉国家の後退である。かくて、政治面では、小さい国家、市場原理の回復を推進する、上からのリーダーシップ型政権が誕生してきた。サッチャー、レーガン、ブッシュ政権がその象徴であり、クリントン政権もこの政策に転向した。これらはネオ・リベラル派と言われる。日本では小泉政権がそれに該当する。

ネオ・リベラル派政権の特徴は、国内政策では福祉の縮小、民営化路線の強化、規制緩和、競争原理の導入であり、国外政策では市場の海外への拡大である。ＷＴＯの役割はここにある。こうした自由市場主義の強行は、展望においてその結果を予測することは不可能であり、歴史は不可逆的に進行し、単純な繰り返しはありえない。混沌と不確定性のなかから走りながら調整を見出す理論を必要としてくる。こうしたパラダイム・シフトに対応する理論として、意識的、無意識的に、登場してきたのが、現在注目されている複雑系の理論である。国際政治経済政策の面で複雑系の理論を展開したのは K. N. Waltz., *Theory of International Politics*（一九七九年）と言われる。

複雑系の思考を必要としてきたのは、発展途上国の開発と深くかかわってきたＩＭＦや世界銀行のスタッフ、多国間貿易交渉を担当してきたＷＴＯのスタッフや専門家である。また他方、ＩＭＦや世界銀行、ＷＴＯにたいする対抗相手としての市民・労働団体、消費者団体、協同組合などのＮＧＯの活動家、研究者である。彼らは、物事の発展を、右肩あがりの直線では考えず、ノン・リニア（非線形）で考える。また、システム思考に疑問を持つ。両者に共通するのは、新しいパラダイムに対応する世界経済秩序は、上からのリーダーシップでできるものでもなく、また下からの運動だけでできるものではなく、上と下からのイニシアティブの共鳴によっておのずから生成されるものという複雑系の考え方をとっていることである。国際政治経済に「参加」という新しい概念を問題提起したといえる。

まずは数字的事実の確認から始めよう。世界の農産物輸出の三〇％余がアメリカからである。たとえば小麦三一・七％、トウモロコシ七五・二％、大豆七四・二％、牛肉一二・六

%、家禽肉三七・二%、綿花二五・三%である（一九九六年現在）。しかし国内自給率では、穀物が一三八%で、オーストラリア、フランス、カナダ、アルゼンチン、ウルグァイより下である。肉類の自給率は一〇三%、牛乳九六%（一九九二～九四年）、野菜九七%、豆類一二三%（一九八八年）で、輸出余力があるのはトウモロコシ、麦、大豆などの穀類で、その他の品目は必ずしも余力が充分にあるわけではない（表-3）。

アメリカでは二二四万農家が人口二億七六〇〇万人を養っている。日本は（販売）農家二三四万戸が人口一億二六〇〇万人を養っている。農家一戸が養う人口では、アメリカが日本の約二倍に過ぎないのである。アメリカの輸出農業は麦、トウモロコシ、豆類などの少数の戦略作物に特化しているのである。

表-3　アメリカの農産物輸出の世界シェアと自給率（%、一九九六年）

品目	輸出のシェア	品目	自給率
小麦	三一・七		
コメ	一四・七	穀類	一三八
大麦	五・〇		
トウモロコシ	七五・二		
大豆	七四・二	*豆類	一四九
ぶどう	一二・二		

オレンジ	八・一		
リンゴ	一一・八		
葉たばこ	一一・二		
落花生	一五・九	＊油脂類	一一三
菜種	一・四		
綿花	二五・三		
肉類	一八・〇		一〇三
牛乳			九六
＊野菜			九八

備考『世界国勢図会』一九九八／九九年、＊は一九九八年現在

ついでに農民団体のウルグァイ・ラウンドについての立場について述べておこう。アメリカには二つ以上の農民団体がある。一つはアメリカ農民運動（ＡＡＭ）である。これは一九七九年に、コメ、麦、綿花、トウモロコシの栽培農家、畜産農家の五万会員で創立された家族農業の団体である。コメの自由化については、全面関税化は日本の家族農業をつぶすことになり、しかもアメリカ政府にゼロ政策（三四頁を参照のこと）を強行する契機を与えるから、米作農家にとっても有利でなく、「全面関税化は無理強い」という態度を取っている。

他の一つはアメリカ農業者団体連合（ＡＦＢＦ、一七〇万会員）で、「日本は自動車をア

いるという。

メリカに輸出するのに、コメを輸入しないのは不公正である」と、対日強硬姿勢をとって

さて、アメリカ農業は建国当初から余剰農産物を輸出していたわけではなく、この問題が発生し緊急性を増してきたのは、第二次大戦後の東西冷戦の過程からである。どのようにして、麦、トウモロコシ、豆類に特化しかつ余剰をつくりだしたかについては、アメリカ農業史について、若干の検討が必要である。

アメリカで商業的大規模農業といえば、一九世紀の半ばまでは、フランス領であった南部の綿作プランテーションがあった程度であった。東部の土地が農業に適しないこともあって、ヨーロッパからの移民たちの開拓農場は大きいものではなかった。

アメリカに農業が拡大したのは、南北戦争（一八六一〜六五年）の過程で、一八六二年に公布された「ホームステッド・アクト」（自営農地法）からである。ホームステッド・アクトとは、アメリカの公有地（独立当時、イギリス植民地であった大西洋岸を除き、すべての土地は公有地であった）を、連邦政府が二一歳以上の合衆国市民に、居住と開墾を条件として、一六〇エーカー（約六五ヘクタール、日本の農家の平均農地面積と比較すると随分大きく思われるけれども、牧場・畑作専門の面積あたりの収益は日本の水田農業の一〇分の一とみなすことができる）を無償で供与するという法律である。この法律は、南北戦争の原因となった奴

隷制廃止に反対した南部一一州が連邦を脱退したのを機会に成立した。アメリカ移民にとって、自分の土地をもって独立するというのは、植民地時代からの夢であったから、ホームステッド・アクトを合図に、人々は西部へと向かった。そしてアメリカに一六〇万戸の開拓自営農家がつくり出された。

西部の開拓農家にとっての問題は、農作物の販売であった。一九世紀後半、収入源となったのは、ヨーロッパ諸国が渇望していた小麦である。西部の粘土質のある土壌は小麦作に適していた。しかし販売には運搬手段と倉庫が必要であって、多くの農民はその手段を持たなかった。機敏な農民は、農作に励むよりは、小麦を買い付け、市場で販売する商人として成功した。当時、トウモロコシや豆類は、小麦と比べて主要な商業作物ではなかった。能率の良い脱穀機がまだ登場していなかったからである。アメリカ小麦が、アルゼンチン、カナダ、オーストラリアなどの生産国との厳しい競争を強いられるなかで、トウモロコシや豆類や大麦が、アメリカの主要輸出作物として成長するのは、むしろ第二次大戦後である。アメリカ式のブロイラー養鶏が日本、韓国、タイ、ヨーロッパなど世界各地に広がるとともに、その飼料として輸出されるようになってからで、それは巨大なアグリビジネスと金融力と市場流通力を伴ってはじめて実現することであった。

話題をもどすと、一九世紀後半から二〇世紀初期にかけて、歴代のアメリカ政府は市民社会の基礎である自営農家を保護し育成する政策を取ってきた。一九三〇年代の経済恐慌時代にも、ニューディール体制はパリティ・ファーム・プログラム(注1)と呼ぶ生産管理と支持価格制度をとり、アメリカ市民社会の基礎である独立自営農民の存続を図ってきた。またそれとともに、小麦などの購買については、市場価格の低落による損失に備えて保険加入を実施し、また生産の安定のため、土壌・水利の保全を農業政策の中枢に据えてきた。パリティ・ファーム・プログラムは家族経営農家と労働者・市民の提携による運動が功を奏したもので、第二次大戦後しばらくは食糧安定に役立ってきた。

（注1）農家が経済恐慌以前と同じ購買力を維持できるように政府の援助で農産物等の価格調整を行なう政策。

ところが一九五三年、アイゼンハワー大統領とベンソン農務長官は、パリティ・ファームの思想は社会主義的な左傾政策だという右翼自由主義勢力からの批判を受けて、〝弾力性のある〟パリティへ後退した。これがニューディールから自由化政策への転換の口火となった。この背景には、朝鮮戦争を契機として、反共勢力の台頭があり、巨大な軍事力と軍需産業が再び結びつき始めた情勢がある。そして一九五四年の農業貿易振興援助法で、「アメリカ農業の経済的安定と、アメリカの外交政策推進のために余剰農産物を最大限に活用すること」を打ち出した（長沼秀世、新川健三郎著『アメリカ現代史』、岩波書店、一九九一年、四七五頁）。この法律では、食糧事情が悪化しているソ連などを対象として、農産物輸出を輸出総額の三分の一ないし二分の一にまで拡大することを政治戦略とすることになった。余剰小麦を輸出することは、政府による生産管理を容易にし、国内小麦の支持価格水準を引き下げることができる一石三鳥の政策でもあった。

ニクソン大統領は就任してすぐ、一九七〇年代の初めから、アメリカの国際収支の赤字の解消とソ連・東欧圏への食糧戦略のために、小麦、トウモロコシの輸出に拍車をかけた。これは国内農民政策というよりは、むしろモノとしての食糧とアグリビジネスのための政策であった。これを推進した農務長官アール・バッツ（本拠はインディアナ州）は、自由市場主義者であったが、彼は後援者として大規模商業的農民グループとアグリビジネス、化学肥料会社、農機具会社、ディーラー、交配種子会社、製粉会社、食品加工会社、小売り食品チェーン店、鉄道会社、銀行を持ち、彼みずからこれらの集団の創立メンバーで、会社重役でもあった。アメリカ政府の食糧戦略に詳しいフランセス・ラッペ女史によれば、ニクソン、キッシンジャー、バッツの食糧輸出のシナリオは次のように要約できる。

「最初に、有力な潜在的輸出相手国に対して、輸出単価を格安にしたり豊富な借款を供与して、アメリカからの農産物輸入に魅力を感じさせる。また第二段階の対策は、〝自由貿易〟という錦の御旗を掲げて、輸出相手国が設けた「輸入農産物に対する関税障壁」を撤廃さ

図2　世界の穀物の流れ

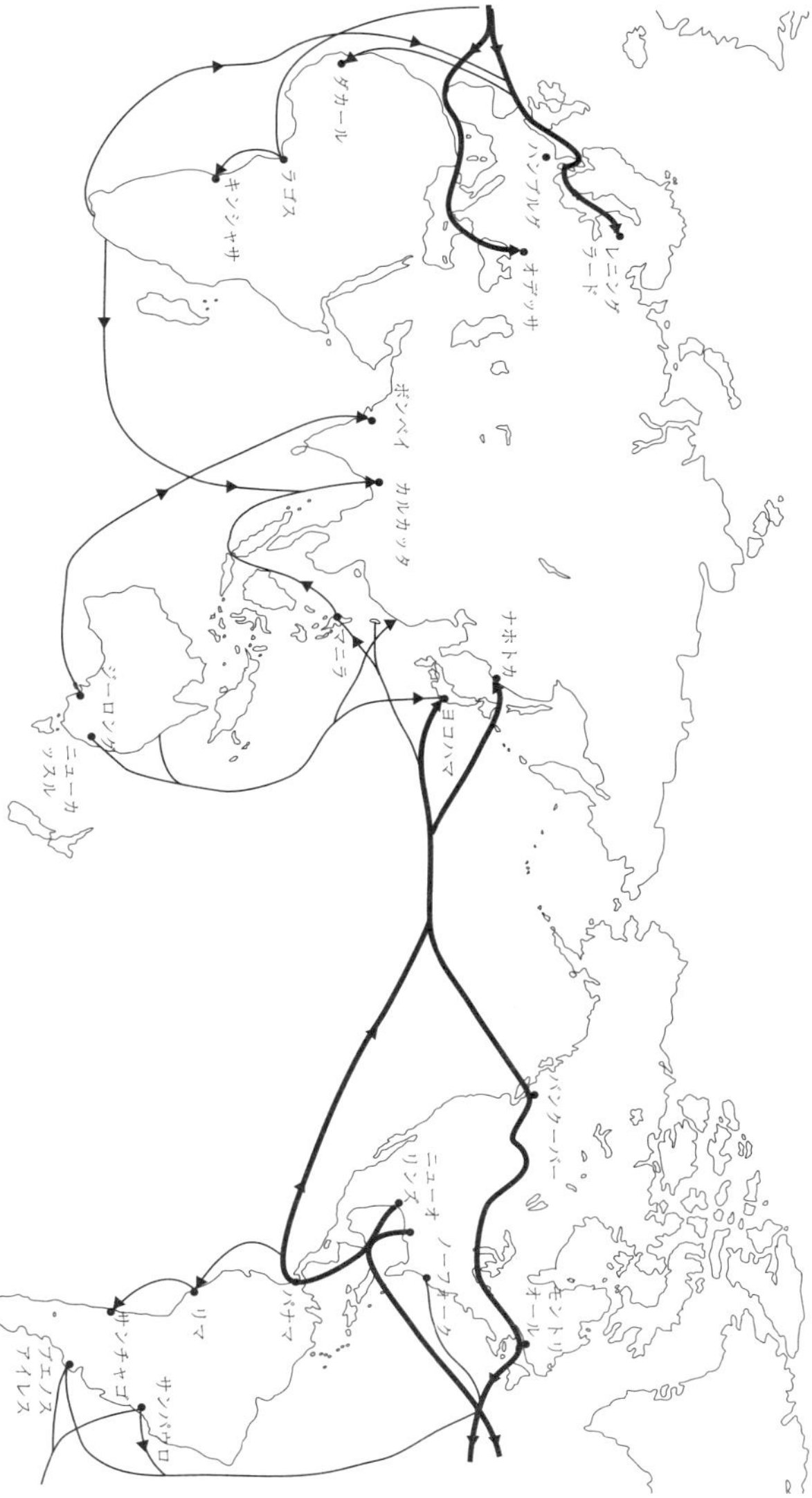

備考）ダン・モーガン著『巨大穀物商社』を参考にした

せるということである」（中村耕三著『アメリカの有機農業』三五頁）

ニクソン時代の農業拡大政策のなかで、償還できない負債を抱えて倒産する農家が続出した。一九八〇年代のレーガン政権では、国内農業政策は生き残った農家の救済よりは、アグリビジネスのための農業政策に変わる。アグリビジネス向き農政をもっともよく表わすのが、ガソホールにたいする補助金である。ガソホールとはトウモロコシから生産されるエタノールとガソリンとの混合燃料のことである。この燃料用エタノールを生産するのは、大手石油会社の子会社のアグリビジネス、ADM（イリノイ）、ニュー・エネルギーCO.（インディアナ）、ペキン・エネルギー・CO.（イリノイ）など四一社である。補助金の九割は大手六社に流れた。これらの会社は補助金のほかに、商品金融公庫（CCC）の証明書があれば、政府備蓄から穀物を無償でもらうことができる。レーガン政権の農業政策については、第一章ですでにある程度述べたので、それに譲る。

2　アメリカの心のふるさと――農業・農村の点描

現在のアメリカ農業はホームステッド・アクト当時とは、様相が一変している。とはいえ、アメリカは農業国。農村は、開拓時代以来のアメリカン・スピリットのよりどころで

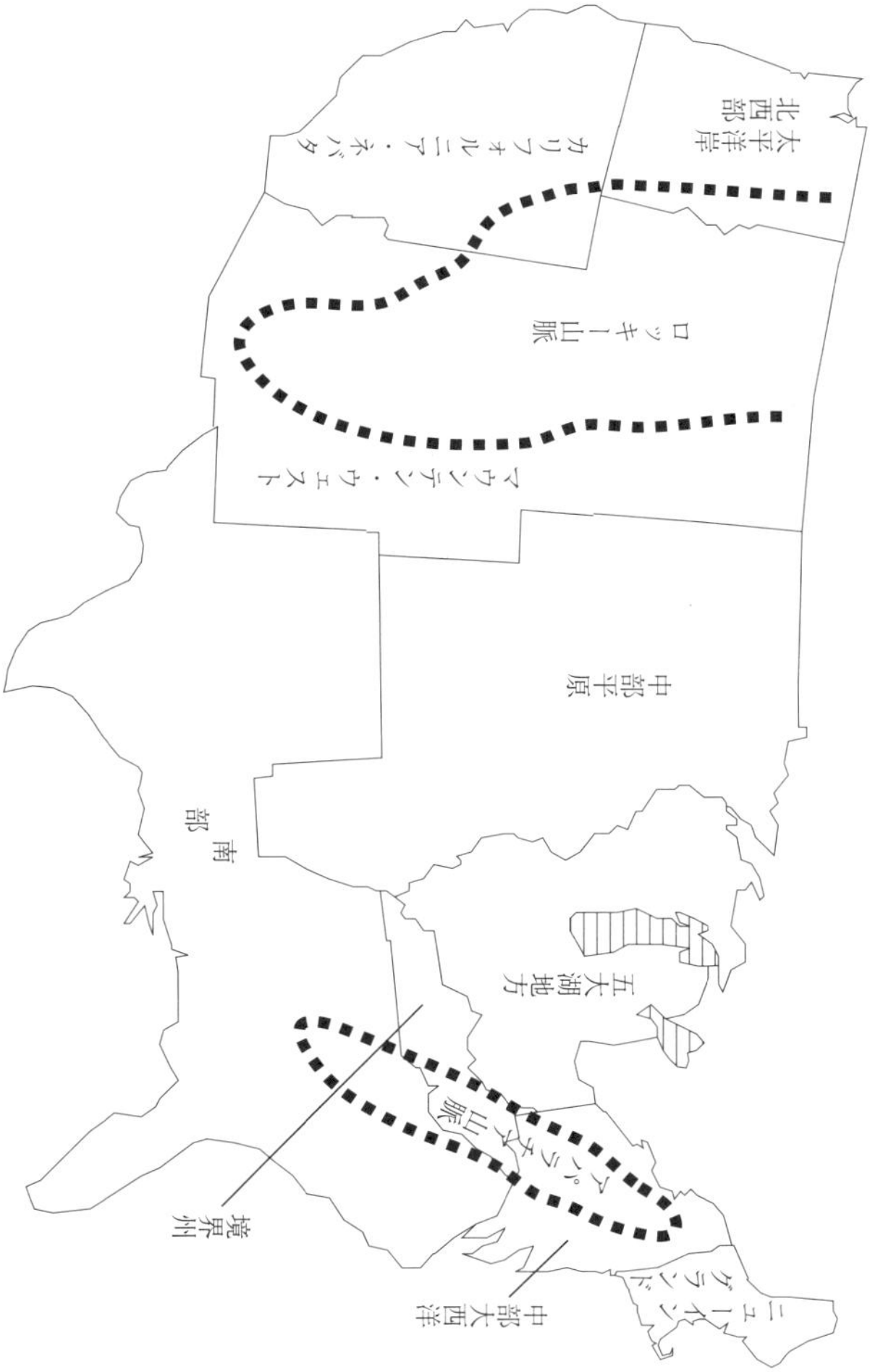

図3　アメリカの農業地域

ある。日本とアメリカが捩《よじ》れた関係を正しい形に戻すとすれば、両国民が心のよりどころを互いに再認識する心の旅をする以外にはないであろう。

アメリカ合衆国は大きいし地域性が多様な国である。一人旅で農業・農村を見て回ったと言っても、ほんの点を歩いたにすぎない。アメリカの農業・農村とは何か、群盲像をなでるにも及ばないことであるが、アメリカ農村の印象について述べよう。

アメリカ合衆国は大西洋側にアパラチア山脈、太平洋側にロッキー山脈が走り、その間に大草原地帯が広がっている（図3）。その北部のカナダ国境にある五大湖からミシシッピ川が南下し、メキシコ湾に入る。統計では人口集中地区五万人以上が都市で、それ以外の地域が農村である。したがってアメリカは地図を見てわかるように、地理的面積では広い農村地域を持っていることになる。

五〇の州には、州立大学がある。州立大学は連邦政府から公有地を分与されており、それを基本財産として運営している。その州立大学には農業改良普及センターが設置されている。そのスタッフは研究者であり農業・農村開発の運動家である。日本では農業改良普及所は都道府県の行政機関の一部であって、行政に従属している。アメリカでは行政から独立した教育研究機関の中にある。農業改良と農村開発は市民社会の立場で行なう仕事であるからである。南北戦争の時代と西部への道を追いながら、アメリカの心のふるさとを訪ねてみよう。

(1)　ニューイングランドと中部大西洋岸

この地域はアメリカの独立戦争を闘った歴史的に記念すべき地域であり、またアメリカの政治と金融経済をリードしてきた心臓部とも言うべきところである。アパラチア山脈から東の平野では、ワシントン、フィラデルフィア、ニューヨーク、ボストンなどの大都市が巨大連担都市群となり、いわゆるメガロポリスを形成しているが、郊外にでると、森林と放棄されたブッシュの多い牧草地からなる静かな田園風景が広がっている。マサチューセッツ州の地方中心都市、ウースター近辺ではタバコ畑や野菜畑が点在する程度で、州の農林業としては製材、製紙がわずかに残っている程度である。ここの州立大学で大規模開発計画と小規模地域開発計画とは方法論が異なり、小規模計画にはそれに伴う難しさがあることを教えられた。それは人間の生活や景観、環境などの具体的な問題を避けて通ることができないからである。

この地域で広い面積を占めるペンシルヴァニア州に足を運ぶと、アメリカの産業革命の拠点であったピッツバーグはとっくに重化学工場を廃棄して学芸・公園都市に転換している。

農村部には、アパラチア山系のなかに広がる緩やかな丘陵と森、そして小川、田舎道が続き、牧歌的な田園風景の中に入植者の古い農家がポツンと残っている。まさにアンドリュー・ワイエス(注2)の描く古きよき時代の懐かしい農村の世界がある。この州には農薬を使わない自然農法を頑固に守っている農家もある。

それでもニューイングランドからワシントン特別区のある南のメリーランド州まで、都市化が進み、農村部に宅地開発が伸びている。一九七〇年代の中ごろ、連邦農務省を訪ねたとき、この東部一三州の農村開発について各州の改良普及員の会合があるから傍聴してはどうかという誘いがあって聴くことになった。かれらの討論に耳がついて行くことができなかったが、不動産業者が買い占めた優良農地をいかにして買い戻すかという農村復興運動の相談であったようである。アメリカン・デモクラシーのよさは、相手に発言、反論の機会を必ず与えることであることを知った。

(注2)アンドリュー・ワイエス(一九一七年〜)はペンシルヴァニア州に生まれ、同州とメイン州の農家、農場と自然と田舎の人物を描き続けている画家。かれの作品は日本各地の美術館で展覧会が催され、東部農村の心に沁みる内的世界は、日本の多くの人々に共感をもって迎えられた。

(2) 五大湖地方と大草原地方

この地域は現代の日本人の生活ともっとも近い関係にある地域である。まず五大湖地方

（ミシガン、オハイオ、インディアナ、イリノイ、ウィスコンシンの五州）の湖岸には、デトロイト、シカゴ、ミルウォーキーをはじめ工業都市があって、自動車、機械、食品加工品などは、日本との貿易摩擦を引き起こした。

五大湖地方はニューイングランドから内陸を目指す移民たちが、オンタリオ、エリー、ヒューロン、ミシガン湖の湖面を渡り、さらにこれらの湖に注ぐ河川や水路を遡上して、早くから開拓が行なわれた地域である。内陸で栽培される小麦は、五大湖とセント・ローレンス川を下ってヨーロッパに輸出された。この地方は共通して、トウモロコシ、大豆の産地であり、トウモロコシは家畜の飼料として、大豆は豆腐の原料として、日本へ供給されている。また酪農や肉牛飼育、野菜栽培も盛んである。

ミシシッピ川から西は中西部の草原地方（ミネソタ、アイオワ、ミズーリ、アーカンソー、ノースダコタ、サウスダコタ、ネブラスカ、カンザス、オクラホマ州）で、南北戦争のあと、人々は西部開拓へのあこがれから、セントルイス（ミズーリ州）でミシシッピ川をわたった。そして原住民のインディアンと戦いながら、雨量の少ない草原に入植し、牧草地と穀物栽培を広げていった。

現代では、いずれの州も農業と農業関連産業が主要産業部門となっている。ミシシッピ川の上流にあるミネアポリス（ミネソタ州）は穀物の集散地、小麦製粉所から発展した都市である。ミネアポリスは現在、巨大穀物企業、カーギル社の根拠地であるが、ウィスコンシン州の農民の息子ウイル・カーギルは、一八七〇年代にミネアポリスの小麦取引に目をつけ、父の金とミルウォーキーの銀行から受けた融資を元手としてアイオワやウィスコンシン、ミネソタの小麦を買い集めてシカゴに送り、帰りは五大湖地方で算出される石炭を持ち帰る商売から事業をはじめたのである。

この中西部は、トウモロコシ、小麦、大豆、肉牛、豚、牛乳など、アメリカの穀倉地帯である。一九七〇~八〇年代の連邦政府による穀物輸出戦略の過程で、農業の機械化、省力化が進み、一部は破産して離農し、残る農家は四〇〇~六〇〇ヘクタールの中規模のものが多い。訪問した一〇〇〇ヘクタールの大規模農場は、機械化農業によって家族労働力を主として、ほかに僅かなパート雇用労働で農業経営を行なっている。婦人たちの仕事はインターネットで市況を見て、小麦やトウモロコシの出荷をすることである。広い農場はメッシュごとに番号をつけて、パソコンの画面にディスプレイされるようになっていて、メッシュごとにトウモロコシ、麦、馬鈴署などの播種日時、生育状況、収穫予想が記録されている。このデーターベースによって、作物の生育管理や土壌管理を行なっている。また自動車で農場を見回り、専門の会社に肥培管理や収穫作業を委託している。この仕事の手伝いも女性の仕事である。これらのプロ農家の庭先には必ず機械整備倉庫があって、工具・治具が見事に整頓されている。工具・治具の整頓の悪いものはプロ・ファーマーではない。これが中西部の農村風景である。

しかし大規模農業では機械化、化学肥料、農薬の使用のため、土質の劣化がすすみ、土壌流亡が進行する形跡も散見される。たまに、トラクターを使わないで、いまも馬耕を続けている「変わり者」もいる。しかし一般的に土壌浸食は深刻な問題である。

機械化する農業

ある観察者は言う。

「八月の終わり、真夜中に、ミシシッピ川の水門のところに立っていると、しけが、穀物を満載したはしけが、ニューオーリンズに向かって気ぜわしく往き来するのをみることができる。ニューオーリンズから海外に行くのだろう。

……輸出農業は、アメリカの農民に非常に重要なものになっており、五エーカー毎に収穫される穀物の二エーカー分は、現在海外に売られている。アメリカで生産される小麦の、なんと驚くなかれ六五％、大豆の五五％、大粒の穀類の三五％は、海外のバイヤーの手に渡っていく。

しかし、こうなるためには高いコストがかかっているのだ。農産物過剰は、価格を低下させる。それでも食わねばならないので、未来のことも考えず、農民はなおも穀物を成長させるために大地を掘り続け、水を大量に使う。「もっと生産を」の必要が、アメリカで一番良い表土の部分を侵食している。大草原穀倉地帯の下に横たわっている帯水層として知られる広大な地下貯水池は、陸地耕作にしか向かない原野の灌漑に大量に使用され、その枯渇への道を急速にすすんでいる。現在でさえ過剰生産であるのに、下流のミシシッピ渓谷の豊かな樫の木の森が、穀物を栽培する地に変えるため、きれいに整理されようとしている。それと同時に、都市の農村への侵入が、生産的な土地を侵食し、未来のためのペースを縮めている」

（未来を賭ける穀物行商――愚かな穀物輸出ラッシュ、『社会運動』八九号、一九八七年八月）

中西部では穀物の生産は増加したが、省力化のため人口の伸びが停滞気味なのである。土壌流亡を招くような農業補助金は、アメリカ農民への援助ではなくて、外国に補助金を

アメリカの農家の工具室（ミネソタ州）

出しているのと同じだという声もある。中西部のトウモロコシ、小麦、大豆、牛肉などに依存している日本の消費者にとって、耳を傾けるべき声である。

(3) 南部

南部は南北戦争で連邦から離脱をはかったヴァージニア、ノースカロライナ、サウスカロライナ、ジョージア、フロリダ、アラバマ、ミシシッピ、ルイジアナ、テキサス、テネシーの一〇州である。これらの州はアパラチア山系の裾野となる丘陵地帯とミシシッピ川の流域の低地帯からなっている。河口デルタは気候の温暖な沼沢地帯で、豊かな自然は市民のリゾートとなっている。

南部では、フランス、スペインの植民地であった一八世紀の農村景観が残っている。町にはプランテーション農場の所有者の時を忘れたような白い旧宅が静かな環境のなかにある。歴史的記念館として公開されているのもある。郊外には荘園の名残をとどめたタバコや綿作の農場がある。

現代のノースカロライナ州にある企業や金融機関、研究所で働く人々は、林のなかに住むのが好きなようで、丘陵は林間住宅地となっている。秋になると、丘陵地の木々が一斉に紅葉し、アパラチア山系の稜線まで、見渡す限り広い空間が黄一色に変わる。日本の紅葉とは違ったパノラマの大きいアメリカの美しい秋がそこにある。

南部と言えば、『アンクル・トムの小屋』に代表される奴隷とプランテーション綿作農場を想起させるが、綿作が南部の主要作物であったのは一八四〇年ごろまでである。その頃まで、南部植民地では綿作・砂糖におとらず米作が重要な地位を占めていた。

アメリカ全体としては、コメはマイナーな作物である。米作農家は一万一四〇〇戸で、全米農家数の〇・五%に過ぎない。コメの生産額はトウモロコシの一七分の一である。アメリカ人のコメ消費量は一人一年五キロにすぎないから、コメがマイナー作物であるのも仕方がない。しかし日本とアメリカがガット以来激突したのは、コメの自由化をめぐって

フランス人の綿プランテーションの館（ミネソタ州）

である。そのコメは主として中粒種の南部米カリフォルニア米で、長粒種の南部米ではないが、カリフォルニア米は南部で始まった米作の経験なしには発展しなかった。したがって、ここで南部の米作について見ておこう。

アメリカの米作は、一六八五年、鉱脈の探索家、Ｈ・ウッドワードがマダガスカルからの船の船長から稲の種子をもらって、サウスカロライナで栽培したのが始まりというのが、現在では定説になっている。初期は一八世紀末まで、サウスカロライナとジョージア州のいりくんだ河川の流域にひろがった稲作は、綿作よりも労働と資本の集約農業であったので、米作のプランテーションでは、コメをオランダ、ドイツ、スウェーデンなどに輸出し、その金でアフリカから奴隷を輸入した。米作開拓者たちは、大きい富と権力を手にした。しかし、米作労働にはアフリカからの奴隷は不向きとも言われ、水田の拡大は労働力的に困難であった。また、当時の米作は天然の降雨のほかに、満潮時に遡上する河川の真水を堰きとめて湛水し、水田を広げた。そのため、水田開発のできる土地は限られていた。また米作はハリケーンによってしばしば大打撃をうけた。南北戦争後の奴隷解放を待つまでもなく、サウスカロライナ、ジョージアの稲作は、水の利用の面で限界に突き当っていた。

一八六〇年頃、蒸気機関が導入され、ミシシッピ川の水を汲み上げて圃場に流しこむことが可能になった。そして、地力の消耗のために放棄される綿作や砂糖栽培に米作が取って代わった。

米作は新たにルイジアアナ、ミシシッピ州に、八〇年代にはさらに西の諸州、テキサス、アーカンソー（中西部、アメリカの最大米作地）にひろがった。ことに一八八〇〜九〇年代にはポンプ、刈取機、脱穀機、ローラー式精米機が普及した。これらの機械は中西部のアイオワ州の小麦機械を南部に導入したものである。移動したのは機械だけではなかった。南部から中西部への鉄道の開通とともに、南北戦争後、中西部に入植した人たちのなかから暖かい南部に移生する者もでてきて、米作に従事し始めた。南部の米作は、プランテーション型米作地からミシシッピ川を越え、西岸の米作農家平均面積二四〇ヘクタールの近代農場式米作地に移った。

その頃、南部に精米業者、販売業者が台頭し、一八九五年にニューオーリンズにアメリカ米協会を設立した。彼らはコメの輸出を独占しており、市場価格を支配した。

生産者は自ら販売する力がなく、精米業者の代理人の言い値で買い取られ、また鉄道運賃を差し引かれ、僅かな手取り価格に甘んじなければならなかった。一八七二年にテキサス州に南部農民同盟が生まれた。それはさらにルイジアナ・ファーマーズ・ユニオンやアーカンソー農業車両組合を加え、当時としては全米最大の農民組織に発展した。一八八六年にはテキサス州ヒューストンに黒人同盟が設立された。これらの運動を応援したのは、ポピュリスト（人民党）である。かれらの敵はニューオーリンズの精米業者であり、鉄道会社であり、公民権を奪っている勢力であった。

アメリカの米作は、第一次世界大戦でさらに拡大された。ウイルソン大統領は（在職一九一三〜二一年）ヨーロッパへの余剰米の販売を増やすため、食糧増産法を制定した。日本にとって、ウルグァイ・ラウンドの主題となったカリフォルニア米の短粒種が生産されるようになったのは、このときである。新興産地カリフォルニアの米作は、南部米作の到達点の技術を伝承するものとなった。

表 - 4　アメリカの米作州（一九九三年）

	作付面積（千ヘクタール）	%
アーカンソー	五四〇	四四・八
カリフォルニア	一七六	一四・六
ルイジアナ	二二八	一八・九
ミシシッピ	一〇〇	八・三
ミズーリ	四二	三・五
テキサス	一二〇	一〇・〇
総計	一二〇六	一〇〇・〇

備考　宮崎隆典『環太平洋コメ戦争』による。

(4)　ウエストヴァージニアとケンタッキー州

この二州は地理的には南部に接するが、南北戦争時には北部に味方した歴史を持ち、南部と北東部、中西部との境界地域である。州の面積の何割かはアパラチア山系のなかにあるので、農耕の適地は少ない。競馬の馬産地で、延々と広がる馬牧場のある高原の景観は美しい。牧場周辺には、東北部からレジャーに来るキャンピングカーが多い。

しかし産炭地では、第二次大戦後も、アメリカの発展から取り残され、失業と貧困に悩まされている。ウエスト・ヴァージニアのモーガンタウンで見た屋根付き橋のかかる渓谷の紅葉は忘れることができない。

(5) マウンテン・ウエスト

中西部からさらに西にあり、ロッキー山系にかかる内陸の八州（モンタナ、アイダホ、ワイオミング、コロラド、ユタ、ネバダ、アリゾナ、ニューメキシコ）はマウンテン・ウエスト（山地西部）とよばれている。デンバー（コロラド州）の市中から見えるロッキーの白い山なみはロマンチックではあるが、地域には近代工場は見当たらない。フェニックス（アリゾナ州）、アルバカーキ（ニューメキシコ州）でもそうである。農牧業でさえ少ない。しかしマウンテン・ウエストでは一九九〇年代に転入者が増える傾向が続いている。

トーマス・パワー教授（モンタナ州立大学）の講演による説明はこうである。

「マウンテン・ウエストはもともと農村地帯である。太平洋岸のカリフォルニア、オレゴン、ワシントン州は工業化が進んでおり、大都市圏が形成されているが、マウンテン・ウエストは産業というと、農牧業、林業、木材加工、鉱業の一次産業が主体で、都市と言える人口集中地区はほとんど存在しない。しかも一次産業は衰退傾向が続き、雇用は減っている。それにもかかわらず、一九九〇年代には転入者が増える傾向にあって、人口が増加している。再定住という言葉もあるくらいである。それとは対照的に、マウンテン・ウエストの東隣の中西部のグレート・プレーンの諸州（北のノース・ダコタ州から南のテキサス州まで）では、近代農業の進展とともに、人口が減少の傾向にある。この対照的な変化はなぜか。

マウンテン・ウエストへの人口流入にはいくつかの原因が考えられるが、第一番の理由は山、谷、森林、草原、渓流のある自然の景観が人びとを引きつけるのである。地方の個性的な生活の質、これをアメニティというならば、カウボーイ文化が残るアメニティがアメリカの人びとをマウンテン・ウエストに呼ぶのである。高速道路、高層建築、よく整備された都市施設のある大都市生活は、アメニティに関しては昨日のものである……」（石見尚『第四世代の協同組合論』まえがき）

(6) カリフォルニア州

カリフォルニア州の農業地帯はシエラ・ネバダ山脈と太平洋岸との間にある中央平野で、ロスアンゼルスからサクラメントまでの広い地域である。カリフォルニア州は一般的に降雨が少なく乾燥した砂地地帯になっているので、モモ、オレンジ、ブドウなどの農業は灌漑施設の整備とともに造成された農場によって行なわれている。

第二次大戦後、アメリカがアジア太平洋圏との交流が盛んになるにつれて、カリフォルニア州では工業化が進み、失業率が低下した。その反面、退職者がロスアンゼルスやサンフランシスコなどの都市郊外に住むようになり、市民の居住用地と高齢者の生活交通手段の確保が都市問題になっている。広いカリフォルニア州も、山地、砂漠地を除くと利用できる平地が手狭になりつつある。そのような雇用と用地の関係から、同州の家族経営農業は一九四〇年の一三万戸から二〇〇〇年には一〇万戸に減少した。

平野の果樹農業は、サンキストやデルモンテなど法人形態をとるアグリビジネスによって経営されている。コメも近代大規模米作経営農家とコメの精米、販売、輸出を行なう精米企業によって推進されている。カリフォルニア農業はアグリビジネス農業になっている。

中央平野以外の農業地帯は南東部のインペリアル・バレーである。インペリアル・バレーは一九三五年に完成されたフーバー・ダムの水による灌漑農業地帯で、メキシコ系の人口が多い。

カリフォルニア州でコメの商業的生産が始まったのは一九一二年である。サクラメント川流域の低地で、東洋系の農業労働者が大土地所有者から借地して、日本品種「船渡」、「神力」を試験的に用いたが、当時は世界大戦で食物価格が高騰していたから、米作は忽ち普及した。

米作は一九五〇年代半ばの二二万ヘクタールから七〇年代半ばの五二万ヘクタールまで、約二・五倍伸びた。日本の短粒種から、収量の高い中粒種に代わった。八〇年代の初期には過剰在庫が出るようになり、減反が行なわれるようになった。カリフォルニアの稲作では播種から収穫、籾摺《もみす》りまで、委託の賃作業で行なわれるため、機械費用は一〇アールあたり約三万円で、日本の場合は一〇万円である。日米のコメ生産費（一九八七、八八年時、一ドル一四〇円とする）を比較すると、一次生産費（支払い利子、地代を除く直接生産費）は玄米六〇キログラム当たり、カリフォルニアは一六五四円に対し日本は六四八〇円である（表-5）。

表-5　玄米六〇キログラムあたりのカリフォルニア米と日本のコメ生産費の比較

	カリフォルニアA農場（三三三〇ヘクタール）	日本B農場（一五ヘクタール）
直接生産費	一六五四円	六四八〇円
支払い利子、地代	八二八円	四四七三円
生産費	二四八二円	一〇九五三円
粗収益	二八八二円	二〇〇四〇円
総稲作所得	一三三六・五万円	一三六三・一万円

備考　八木宏典著『カリフォルニアの米産業』（東京大学出版会、一九九二年）

表には示さなかったが、日本のコメの直接生産費で高いのは、肥料、農薬、とくに機械などの減価償却費である。そのため、カリフォルニアの四倍にもなっている。二次生産費では利子、地代が約五倍も高い。合計した生産費の日米格差は四・四倍である。カリフォルニアは土地が肥沃であり、気候が乾燥しているから、肥料、農薬がかからない（温暖多湿なアメリカ南部では、農薬の使用が七、八倍になる）。また大型機械の利用を賃作業に委託して、利用効率をあげていることも、生産費が安い原因であろう。

他方、日本のコメの消費者価格はアメリカの約二倍である。たとえば東京ではコメ一〇キログラムが三八一四円のとき、ニューヨークでは一九三五円である。したがって、農家の総所得では、カリフォルニアの三三〇ヘクタールの農場と日本の一五ヘクタールはほぼ同じである。

カリフォルニアの稲作の実態は、日本人がサクラメントで行なっている例で確認することができる。福島県いわき市出身の国府田敬三郎氏の農場はモチ米一六〇〇ヘクタール、ウルチ米六〇〇ヘクタールを栽培している。農場支配人でコメ栽培技術と品種改良の専門家の鯨岡辰馬氏は、コメ自由化はアメリカの家族自営農業を潰すし、日本の自営農業も潰すから、『コメ自由化はおやめなさい』という本を書いているそうである。

同県の郡山市出身の田牧一郎氏がウルグァイ・ラウンドの結果を見越して、アメリカ米作の学習のために、一九八九年に渡米し、八〇ヘクタールから始めた農場もサクラメント地域にある。氏はアメリカ人の仲間と共同経営で、一二〇〇ヘクタールのコメの処理能力のある精米工場を建てた。アメリカでは、コメは精米業者が生産者から籾の玄米を買い取り、それを白米にして出荷する。精米業者は精米費、運賃などを差し引き、買取り時の価格の三ないし四倍の価格で出荷する。卸から小売業者・スーパーに渡されるときは、運賃のほかに二〇％のマージンを付ける。小売が消費者に売るときも二〇％のマージンがつく。

コメの輸出は精米業者が考えるほど簡単ではない。籾のまま船倉に積み込んで輸送すれば、着地で調整する過程で一五％は減量する。玄米で船積みすれば、コクゾウムシやかびを防除する農薬問題が出る。白米なら、そのうえ食味の低下の問題が発生する。穀物という「生きもの」の輸送はむずかしい。カリフォルニアで米作を行なっている日本人の計算では、先に述べたように、日米のコメ生産費の格差があっても、補助金と不足払い(注3)があって、ようやく採算がとれる程度である。だから輸出するとなると、果たして利益がでるか疑問である。

カリフォルニア州について述べたのを機会に、シエラ・クラブについて一言触れておきたい。シエラ・クラブはジョン・ミューアが一八九二年に創案した環境保護団体である。

初代会長デビッド・ブラウワー――ラルフ・ネーダーはかれを二〇世紀最大の環境運動家と評価した――の活躍があって、エコロジー運動、ランド・トラスト(注4)、反原発運動などを展開している。企業をスポンサーとすることを排し、市民一人ひとりの力を結集して進めるこの運動は全米各州に波及し、海外ではカナダ、オーストラリアなどにも組織と運動が広がっている。

（注3）アメリカのコメの輸出奨励のために、タイなどの安い外国米との競争上、安い国際価格で輸出する場合、国内価格と国際価格の差額を政府が支払う政策。

（注4）森林保護や環境・文化の保全のうえで、開発から防衛すべき土地を、市民が金を集めて買い上げたり借地にする運動。

3　貿易自由化の推進者たち

(1)　多国籍アグリビジネス

第三代大統領ジェファーソンがアメリカン・デモクラシーの基礎として想定していた伝統的な家族農業経営者たちは、大規模な商業的農業やアグリビジネスに転進していった者は別として、貿易自由化の推進者ではないであろう。

アメリカの強引な農産物輸出の推進グループの一つは、製粉業者と精米業者である。彼らは自分達の商品を海外により有利に販売することによって、利益を得たいという衝動にかられている。もともと彼らの二代か三代前は農民であった。農民が自分の生産物を集散地に運搬し販売できない開拓時代の事情から、農産物の集荷・買取り、運搬と販売を手がけて、アメリカン・ドリームを実現したのは、それらの農村の商人であった。かれらは開拓村とタウンを馬車や鉄道で乗り継いだ商いでたたき上げた人物たちであり、その結果として投機的であり、強引でもあり、粘り腰であるのは当然である。

日本にとって危険な食品の調査をしている「日本子孫基金」という消費者運動団体がある。この団体は、外国米の残留農薬に関する独自調査を一九九〇年と九三年の二回にわたって行なった。一回目の調査では、アメリカ、タイ、オーストラリアのいずれからも残留農薬が検出され、その調査結果の発表は、日本にコメを輸出しようとしていた産米国に衝撃を与えた。二回目の検査ではタイとオーストラリアからのコメには改善のあとが認められた。しかしアメリカの国内で買い求めたコメのサンプル六四点のうち二一点から依然として残留農薬が検出され、改善のあとが認められなかった。むしろ日本の安全基準を下げさせようとするのである。

カーギル社の政府・公共関係担当副社長ロビン・S・ジョンソン(前アメリカ飼料穀物協

会会長）はウルグァイ・ラウンドの結果について、アメリカ農務省の楽観的な公式見解とは別に、ウルグァイ・ラウンドの限界と「緑グループ」が将来の交渉ラウンドに力をつけることを予想しつつ、なお将来、多国籍企業の役割が評価されることを期待して、次のように述べている。

「第四の見方は『緑グループの見解』で、二国間や世界的な貿易協定のなかに環境保護条項を組み込ませるために積極的に活動している団体が支持している見解である。彼等はすでにアメリカの貿易問題討議のさいの隠然たる勢力になっている。大部分の環境グループは、ウルグァイ・ラウンド合意は、環境的配慮に対してなんら特別の注意を払っていないとしてこれに反対している。……このグループは、新しい『緑のラウンド』の結果が出るまで待つのを嫌がっている。彼らは議会が合意を検討するときには声をあげて批判し、いくつかの票を動かすだろう。さらに、将来の交渉ラウンドでは、グリーン派の意見がさらに力をつけることを期待している。

第五に、全般的評価としては、上述のような観点は、それぞれウルグァイ・ラウンド合意の農業に対する影響の一部分をとらえているにすぎないとみる。アメリカの農産物輸出は、とくに穀物、油糧種子、畜産部門でウルグァイ・ラウンドから大きな刺激を受けるに違いない。それと同時に、個別農産物関係者は、自分の利益を保護してくれると信じている農業プログラムを守り続けるであろうが、世界の貿易ルールが変わったのでそのような戦略の効果は疑わしい。とくに、輸出補助金に対する新しい制限によって、世界貿易のなかの大きな部分では、このような歪曲は入り込めないようになろう。

将来を見ると、農産物貿易改革のプロセスは、引き続きやっかいで、時間もかかるものであろう。これ以上の改革がどれくらい早く達成できるかは、主要国の国内農業プログラムの変化にかかっている。……ことに喜ばしいことは、農業団体の間に、個別産品別の価格中心の支持措置を総体的な所得、あるいは現金収入を保護する方法に変える方向を求めようとする意欲がみられることである。

最後に述べたいことは、天候異変、政情混乱、世界の所得成長の速度とパターン、マクロ経済の発展などすべてによって、アメリカ農業に対するウルグァイ・ラウンドの効果を解釈し直すことになろうという点である。

しかし、将来よほど異常なショックが起こらない限り、ウルグァイ・ラウンドの最も永続的な影響は、他の部門の貿易に適用されているのと同じ規則が農業にも次第に適用されることになることであろう。もしそれが最終的な結末であるとすれば、ウルグァイ・ラウンドは、世界の農業経済にとってすばらしい成果をあげたことになろう」

（ＩＰＣ編、吉岡裕監訳『ウルグァイ・ラウンド農業合意』四五頁）

ミネアポリスの種苗会社

日本農業にとって、アメリカの製粉・精米業者は強敵ではあっても、貿易自由化を推進する多国籍企業全体の中ではマイナーな存在である。多国籍企業の連合はスタッフやシンクタンクや弁護士を擁し、さらにそれらを支援する銀行、関連産業、流通機構をもっている。さらにかれらの主張を政治的に利用する議員グループや世界政治戦略と結びつける国家権力が背後にある。体制そのものが世界市場の開放にかかわっている。次にＷＴＯ体制の背後にある巨大アグリビジネスの名をあげて、貿易自由化のリアリティを見よう。

①　種苗企業

世界の種苗産業は年間一三〇億ドルの売上げがある。

一九六〇年代には、世界に約七〇〇〇の種苗会社があったが、一九八五～九〇年の間に、化学会社が種苗産業に参入して既存会社を買収し、九八年には一五〇〇社の種苗企業に集約された。そしてそのうちの二四社で種苗市場の五〇％を支配し、途上国のメーズの種子の三四％は、多国籍種苗会社が供給している。その企業名をあげると、

〔フランス〕パイオニア・ハイブレッド、ノバーティス、リムグレイン
〔オランダ〕アドゥヴァンタ
〔アメリカ〕カーギル、アグレボ、デコープ・プラント・ジェネティックス
〔日本〕タキイ

アメリカのセントルイスに本拠地を置くモンサント社は、デコープ・プラント・ジェネティックス社の四〇％の株を所有している。同社は従業員約二万人を雇用し、農産物、医薬品、食材を生産する企業であるが、一九九七年に大豆の育種では世界最大のアスグロウ社とアメリカでのメーズ種子市場の三分の一を支配するホルデン・ファンデーション・シーズ社の支配権を握った。デコープ・プラント・ジェネティックス社の株の四〇％を取得したのも、同社が世界で二番目に大きいメーズ種子会社であったからである。モンサント社はメーズの種子の支配を狙っているようである。デュポン社は一九九七年にパイオニア・ハイブレッド社の株の二〇％を取得した。ゼネカ社は日本の化学会社の所有する殺菌剤製

造企業を五億ドルで買収した。

②　遺伝子工学と特許

前述のモンサント社は一九九六年に農業に遺伝子工学を導入し、この方面で世界をリードしている企業である。アメリカの農家の二五％は自家採種しているといわれているが、一九九九年にオハイオ州では、農家が小麦、大豆の種子を自家採種しているのを禁止し、一回発芽したら次の年には発芽しない種子を買うようにする州法が提出された。農民は大反対したが、この州法提出の背後にはモンサント社があった。また同社はタイでも国際イネ研究所と組んで、除草剤耐生のイネの遺伝子組み換え品種を普及させようとした。モンサント社は自社の種子の特許とカーギル社が世界に設けた農産物の販売、加工網を結びつけるための提携交渉を進めている。両社のジョイント・ベンチャーが成立すれば、農業と医薬品で年間二三〇億ドルの売上げを見込むことができるとされている。

③　穀物

穀物の多国籍企業では、カーギル、コンチネンタル（アメリカ）、ルイ・ドレフェス（仏）、ブンゲ・アンド・ボーン（ブラジル）、アンドレ・ガーナック（スイス）がビッグ・ファイブと言われる。このなかで最大の企業はカーギル社で、第二位のコンチネンタル社とあわせると、世界の穀物取引の五〇％を支配している。穀物多国籍企業の特色は、その多くが一九世紀以来の同族企業で、他の分野に手をだして多角経営をしていることである。

カーギルはミネアポリスに本拠をおき、農産物、食糧、コーヒー、ココアなどの販売、加工に進出している。その巨大さは、七二カ国、一〇〇〇事業所で一〇〇業種の事業を行ない、職員八万人を雇用している。しかし、その営業の実態は一切あきらかにされておらず、利潤も税もわからない。わかっているのは、一九九七年の売上げ額が五六〇億ドルでアフリカの西サハラ一六カ国の国内総生産に匹敵するということぐらいである。一九九八年にコンチネンタル社は穀物取引から手を引くことを表明した。カーギル社はアメリカ反トラスト庁の承認があれば買収する方針であるといわれる。

穀物、砂糖、コーヒー、ココアに関する世界の巨大企業を示そう（表 - 6）。

表 - 6　世界の穀物、砂糖、コーヒー、ココアの巨大企業

穀物	砂糖	コーヒー	ココア
カーギル（米）	ED&Fマン（英）	カーギル	カーギル
コンチネンタル（米）	カーギル	ED&Fマン	ED&Fマン
三井／クック（日）	スクレ・エ・デンレ（仏）	ノイマン／ロトホス（独）	スクレ・エ・デンレ
ルイ・ドレフェス（仏）	C・クザーニコー（英）		
アンドレ／ガーナック（スイス）			

ブンゲ&ボーン（ブラジル）				

備考　Big Business / Poor Peoples P37.

穀物商社では製粉、精米などの同族企業が一般的に多いため、他産業と比べると資本主義企業としては規模は小さいが、国際的貿易を行なう大商社が数多くある。例えば、ビッグ・ファイブのほかに、アメリカではアンダーソン・カンパニー（小麦輸出）、セントラル・ソーヤ（大豆輸出）など五社、日本では三井、三菱、丸紅、伊藤忠、住友、日商岩井、トーメン、兼松江商、ニチメン、湯浅、安宅の一一社、カナダでは小麦プールほか四社、フランス、アルゼンチン、ドイツ各三社、ブラジル、オランダ、イタリア各二社、イギリス、ベルギー、スペイン、タイ、パナマ各一社（以上一九七五年現在）がある。これらはビッグ・ファイブの残りの五〇%に群がっている。

④　貿易

穀物では表-6の六社が世界貿易量の八五%を支配し、綿花では一五社が八〇ないし九〇%、コーヒーでは八社が五五〜六〇%、茶では七社が西欧の茶消費量の九〇%、ココアでは三社が八〇%、バナナでは三社が八三%を占めている。

農産物貿易の四分の三は食糧加工品で、あとの四分の一が生の原料である。原料は過剰生産気味で価格も低迷している。それにもかかわらず、農産物貿易額は一九七二年の六五〇億ドルから、一九九七年には五〇〇〇億ドルに増加している。この理由は、発展途上国が政府借款や民間銀行、世界銀行からの債務を農産物の輸出によって支払うため、コーヒー、ココア、茶などを多国籍企業を通じて世界市場に出しているからである。OECD(経済協力開発機構)と世界銀行はWTOの交渉の進展によって、関税と補助金がさらに縮減すれば、二〇〇二年までに貿易額は年間二一三〇億ドル増えると試算している。

(2) 日本の多国籍企業

アメリカがガットそしてWTOを使って日本に迫る貿易自由化の圧力は、たしかにゴリ押しの感があるが、これを単に外圧として被害者意識だけで反撥するだけでよいであろうか。また外圧を国内の構造改革に利用して、弱い立場の者を苦しめるだけで良いのであろうか。外圧が起こるのは、日本商品を国外に輸出する以上、貿易バランスの点から輸入せざるを得ない事実を直視すべきである。また日本の多国籍企業による開発輸入の事実を認識すべきである。グローバリゼーションに反対する日本の市民運動は、日本の多国籍企業にたいする態度を明確にしなければならない。

多国籍企業の定義はまだ定説がないが(注5)、二〇〇二年現在、海外の二つ以上の現地法人の株の二〇%を取得している日本企業は三七六〇社あることが確認されている(注6)。これらは、安い労賃を求めて海外進出したもの、あるいは広い市場を求めて進出したものが大半である。神戸大学経済経営研究所は多国籍企業の条件として、かなり厳しい三つの条件を設けている。①証券市場第一部上場企業のうち、二〇〇三年の売上高が二〇〇〇億円以上のもの、②五カ国以上にたいして海外直接投資を実施している企業、③海外投融資残高五〇億円以上を保有する企業。この条件によって選定された日本の多国籍企業は一九八三年の選定と合わせて一三四社である。それは以下のとおりである(注7)。

多国籍企業名リスト（二〇〇三年一二月一五日現在）

〔水産・農林業〕ニチロ、マルハ、日本水産

〔食料品〕アサヒビール、味の素、麒麟ビール、加ト吉、ニチレイ、日清食品、日本たばこ産業、明治製菓、明治乳業、山崎パン、雪印乳業、日本ハム

〔繊維〕旭化成、クラレ、カネボウ、帝人、東洋紡績、東レ、三菱レイヨン

〔パルプ・紙〕王子製紙、レンゴー

〔化学工業〕宇部興産、エーザイ、花王、鐘淵化学工業、協和発酵工業、コニカミノルタホールディングス、資生堂、昭和電工、信越化学工業、住友化学工業、積水化

学工業、第一製薬、大正製薬、大日本インキ化学工業、武田薬品工業、東ソー、富士写真フィルム、エーザイ、藤沢薬品工業、三井化学、三菱化学、山之内製薬

〔石油・石炭製品〕新日鉱ホールディングス、新日本石油

〔ゴム製品〕住友ゴム工業、横浜ゴム、ブリジストン

〔窯業〕旭硝子、太平洋セメント、東陶機器、日本碍子、日本電気硝子

〔鉄鋼〕神戸製鋼所、ジェイエフイーホールディングス、新日本製鐵、住友金属工業、日立金属

〔非鉄金属〕住友電気工業、日立電線、フジクラ、三菱マテリアル

〔機械〕NTN、クボタ、光洋精工、小松製作所、三共、住友重機械工業、ダイキン工業、日本精工、ブラザー工業、豊田自動織機、荏原製作所

〔電気機器〕アルプス電気、沖電気工業、オムロン、カシオ計算機、京セラ、ケンウッド、三洋電機、ソニー、ティーディーケイ、デンソー、東海理化電機製作所、東京エレクトロン、東芝、東芝テック、日本電気、日本ビクター、パイオニア、日立製作所、富士通、富士電機、船井電機、松下電器産業、松下電工、三菱電機、ミユミ電機、村田製作所、ローム、シャープ

〔輸送用機器〕アイシン精機、石川島播磨重工業、いすず自動車、エヌオーケー、カル

ソニックカンセイ、川崎重工業、スズキ、ダイハツ工業、豊田合成、トヨタ自動車、日産自動車、富士重工業、日野自動車、本田技研工業、三井造船、三菱自動車工業、三菱重工業、ヤマハ発動機、マツダ

〔精密機器〕オリンパス光学工業、キャノン、ニコン、リコー

〔その他製造業〕任天堂、ヤマハ、大日本印刷、凸版印刷

（業種別の分類は日本経済新聞社「会社年鑑」二〇〇四年版によった）

（注5）　多国籍企業の規制には、その対象の規定が必要である。しかし日本の会社法には多国籍企業の定義がない。法的概念として定義した次の説を紹介しておこう。「多国籍企業とは、通常、会社またはその他の構成体から成り、それぞれの所有関係は私的、国有またはそれらの混合であって、異なった国々において設立され、一つまたは数個の会社等が他の会社等に対して、とりわけ他の会社と知識や資源を共有できる程に、重大な影響力を行使できる程に相互に結合していて、各構成体の他の構成体に対する自立性の程度は、それぞれ多国籍企業によって異なり、それは構成体相互の結合の性質、活動の分野によって異なる」久保欣哉編『多国籍企業の法規制』（中央経済社、平成五年）三一頁

（注6）東洋経済新報社「海外進出企業総覧二〇〇二」会社別編による。

（注7）RIEB LIAISON CENTER 多国籍企業データベースによる。一九八三年に六〇社を選定した。その基準は本文に挙げた①の売上高が一九八二年、一〇〇〇億円以上となっている。②、③は同じ。

第三章

閣僚会議——そして「緑のグループ」と南の反乱

ガットのウルグァイ・ラウンド（一九八六〜九四年）における、農業の自由化交渉で、非関税障壁の関税への置き換え、輸出補助金の削減、残留農薬についての国際基準の設定などについて、大枠の合意があった。しかし、関税率、補助金の水準、残留農薬の許容水準の具体的指標については、多くの問題が残った。もっと重要なことは、ウルグァイ・ラウンドのなかで、サービスや知的所有権の問題、さらに貿易関連投資など、引き続き討議しなければならない新しい分野が出てきたことである。そのため、一九九四年四月のマラケシュ（モロッコ）閣僚会議で、ガットをＷＴＯとして機構化し、一九九五年一月一日に発足させることを決めた。そして一九九六年一二月に、ＷＴＯ第一回閣僚会議が開催された。その後の閣僚会議は波乱に満ちたものとなった。とくに新ラウンドの実質的開始にあたる第三回シアトル閣僚会議は、全世界の反対運動の抗議のため、宣言を出すこともできずに閉幕した。それまでにどのような経緯があったのか。

1　第一回閣僚会議（シンガポール、一九九六年一二月九日〜一三日）

(1)　途上国、後発途上国へ広げた市場開放要求と紛争処理手続の民主化

第一回閣僚会議は、一二〇カ国の貿易、外務、財務、農業閣僚が参加し、ウルグァイ・

ラウンド協定の実行と、WTOの最初の二カ年の活動を協議した。採択された閣僚宣言で注目されるのは、保護主義の除去などの従来のWTOの理念の再確認のほかに、貿易自由化が有形の商品から無形の価値にまで際限なく拡大したことである。例えば、労働の国際的基準、環境問題、知的所有権、金融サービス・人の移動・海運・テレコミュニケーションなどのサービス、投資と競争などがそれである。さらに後に、問題が複雑化する要因となったのは、多国間貿易への発展途上国の参加、また貧しい後発途上国(注1)をもWTOへ加盟させようとしたことである。その結果、WTOへの参加国は一〇〇を越えるようになった。

（注1）一九七四年、国連総会はG―77のなかで、一人当たり所得が一〇ドル（六八年現在）以下、識字率二〇％、工業化率一〇％以下で開発困難な国を後発（発展）途上国とした。一九九四年現在では四八カ国。

その反面、WTOの役割として、「公正、平等および公開のルールに基づくシステム」（宣言）を謳わざるをえず、貿易紛争の処理手続きを民主化することになった。ウルグァイ・ラウンド当時、アメリカは貿易交渉において、同国の通商法三〇一条(注2)による一方的な制裁を、市場開放要求の脅しに用いた。しかしWTOではEUやその他の国がアメリカのその手を封じるために、二国間協議を申し立てることができること、二国間協議で解決しなければ、一カ国でも賛成する国があれば、パネル（小委員会）の設置を要請することができることにした。また、パネルの法的解釈に不服があれば、さらに上級委員会へ申し立てることができる二審制を採ることにした。これによって、WTOではアメリカにたいしEU、日本、南の途上国との紛争が表面化しやすくなった。

(注2) スーパー三〇一条とも言われる。アメリカの包括貿易法にある不公正貿易国に対する制裁措置を定めた規定で、アメリカ産業界が同国通商代表部に訴えを起こし、通商代表部が相手国に対して調査を行ない、制裁手続きを求める。日本に対しては、電気通信、紙・木製品などに市場の閉鎖性を指摘する意見書が出されたことがある。

第一回の閣僚会議では、二一世紀の貿易自由化の交渉で取り上げるべき事項が提案された。それは以下のように広範なものであった。

① 閣僚会議の目的
② 貿易と経済成長
③ 経済統合:経済成長の改善、雇用、開発の機会と挑戦
④ 中核的な労働の基準
⑤ 後発途上国の非加盟問題
⑥ WTOの役割
⑦ 地域協定

⑧ ＷＴＯへの加盟
⑨ 紛争の処理
⑩ ＷＴＯの取決めの実行
⑪ 裁定の受諾
⑫ 国内法の整備
⑬ 発展途上国の多国間貿易システムへの参加
⑭ 後発途上国問題への関与
⑮ 繊維および繊維製品
⑯ 貿易と環境問題
⑰ サービス貿易の交渉
⑱ 情報技術製品と薬剤の貿易
⑲ 作業計画と提案の作成
⑳ 投資と競争
㉑ 政府調達の透明性
㉒ 上の二つの事項について貿易交渉の簡素化
㉓ ガット五〇周年記念総会

第二〇項（投資と競争）と第二一項（政府調達の透明性）は、第一回の会議で追加されたもので、とくにシンガポール・イシューといわれた。

(2) アメリカ消費者運動の分かれた評価

ＷＴＯの発足にあたって、アメリカの消費者運動の有力な二派の意見が分かれた。

アメリカ消費者同盟（ＣＵ）は、ガット（ＷＴＯ）協定は厳しい健康基準、安全基準、環境基準をアメリカに維持させるようにさせ、アメリカの消費者、世界の消費者に利益をもたらすと歓迎した。

これに対し、ＣＵの理事の反対派やラルフ・ネーダーの率いるパブリック・シティズン派は、「提案されている貿易取引ほど、合衆国における現在の消費者保護と環境保護をなぎ倒し、将来の前進を挫折させるものはない」と警戒を呼びかけた。また「牛に対するホルモン剤投与の禁止、食品照射の規制、食肉・家禽の検査、栄養の表示と様々な規則といったような、真に消費者を守り、環境を守ってくれる様々な保護を切り崩す」と主張し、「多国籍企業が促進した多くの目標のひとつは、環境・消費者の健康と安全を国内法を通じて守ろうとする各国の力を制限し、国際貿易規則の力を強化することだ」と述べた。そしてＣＵは消費者・環境グループの主張している大義を放棄するものであると非難した。

2　第二回閣僚会議（ジュネーブ、一九九八年五月一八日〜二〇日）

(1)　ガット創立五〇周年

一九九八年はガットの創立から五〇周年にあたる。記念式典はひそかに行なわれた。会議は第一回のシンガポールの取り決め事項を再確認するに留まり、新しい展開はなかった。

一方、一八カ月以内に新しい貿易自由化交渉を本格的に促進することを宣言した。とくに、発展途上国および後発途上国の多国間貿易交渉への参加を促すことを申し合わせた。

(2)　最初の抗議行動

ヨーロッパ、アメリカの環境団体などの一万余人が、ジュネーブのＷＴＯ本部に抗議デモを行なった。

マレーシアのペナンに本拠を置く非営利団体、サード・ワールド・ネットワークはその機関誌で声明を出し、「第二回閣僚会議は、貿易自由化を北の裕福な諸国のプランに沿って進めようとしている。次の閣僚会議まで、一年も経たぬうちに、途上国は現在のＷＴＯ協定のほかに、投資と競争、政府調達、電子商取引という新しい問題に一層の注意をむけねばならなくなる。WTOは新たに追加された議題の討議を止めるべきである」と非難した。

3 第三回閣僚会議（シアトル、一九九九年一一月三〇日〜一二月三日）

(1) 深い対立を抱えたまま閉幕

第三回の会議は二〇〇〇年から本格的な新しい交渉を立ち上げるために、シンガポール閣僚会議に提案された交渉の枠組みを決めることに合意することが重要な目的であった。しかし初日の早朝、環境保護団体や人権団体、労働組合などのデモ隊（三万五〇〇〇人）が閣僚会議の開催されるホテルを、非暴力、不服従の意思表示である「人間の鎖」で取り巻いた。その不穏な情勢に気づいた治安警察は、警官隊を出動させ、催涙ガス、（気絶を起こす）震盪《しんとう》手榴弾、ゴム弾を用いて排除し、逮捕される者も出たため、シアトル市の街頭は騒乱状態になった。各国代表たちはホテルに閉じこもったままになった。

二日目から会議は正常をとりもどした。しかし会議は難航した。日本の外務省の出した「第三回WTO閣僚会議（概要と評価）」によると、主要な論点の協議は大要次のように進行した。

人間の鎖（1998 年、バーミンガム・サミット）

「本会議・全体会合の下、農業、市場アクセス、新分野、実施・ルールの四つの分科会とＷＴＯシステムに関するフォーラムが設けられた。

① 農業　わが国、ＥＵなど農業の多面的機能を重視する国と、農産品輸出国（米、ケアンズ諸国[注3]）等の主張とのバランスに配慮した案文を策定すべく調整が図られたが、三日午後、協議は一旦中断され、その後再開されることはなかった。

② ダンピング防止措置　交渉対象とすることに対し、アメリカは反撥。調整が図られたが、意見の収斂を見ることはなかった。

③ 投資ルール　インド、パキスタ

ン等の途上国は交渉を示唆する表現は一切受け入れられないとして収斂を見ず。

④　貿易と労働　アメリカはWTOへの一般国民の支持を継続させるためとして、本件についての作業部会の発足を主張。これに対し、途上国が強く反撥。

（注3）一九八六年にオーストラリアのケアンズで結成された農産物輸出国のグループ。オーストラリア、カナダ、アルゼンチンなど一七カ国。

今次会合の評価

(1)　今次会合は、全てのプロセスを「凍結」する、という異例な形で終了することとなった。これには以下の理由が考えられる。

(イ)　第一に、次期交渉のあり方については、各国の立場は大きく異なり、殆どの論点が調整の共通のベースすらない状況でシアトルでの閣僚レベルの折衝に委ねられることとなった。

(ロ)　第二に、WTOは一三五のメンバー（うち四分の三が途上国）を抱え、効率性と透明性の二つの要請を満たすことが極めて難しくなっていた。

(2)　今回の閣僚会議は、農業やダンピング防止措置といった各国の国内事情と密接にからんだ困難な問題への取り組みが求められる一方で、途上国のWTOへの一層の関与にかかわる問題や、一般の人々の貿易自由化への様々な懸念にどのように応えるかといった新しい課題への対応を、WTOが迫られていることを改めて明確にしたといえる」（外務省ホームページ、平成一一年一二月による）

(2) シアトル閣僚会議へのラルフ・ネーダーの勧告

ラルフ・ネーダーの主宰する「パブリック・シティズン」はシアトルWTO会議の四七日前の一九九九年一〇月一三日に、さきに発表した報告書、「誰のための貿易機関なのか？――企業のグローバリゼーションとむしばまれる民主主義」（一九九九年）を掲げて、「新ラウンドはいらない、引き返せ」と主張した。同報告書はシアトル閣僚会議に次の点を含めるべきことを勧告している。その概略は以下のとおりである。

① 一定の貿易問題に関するモラトリアム（一時停止）

食品の安全性、環境、衛生の保護レベルは、各国が国内法で規制した基準があるのだから、WTOが無差別に基準を決めることは中止すべきである。

② ウルグァイ・ラウンドの客観的な見直し

ウルグァイ・ラウンドで決めた諸種の協定（農業協定、サービス貿易協定、知的所有権の貿易関連の側面に関する一般協定など）の見直しについて、文書類の公開を伴う公開プロセスとNGOや市民の参加による決定方法をとるべきである。

③　必須の商品とサービスへのアクセスの確保

食糧の保障、とくに開発のおくれている諸国や食糧輸入国の貧しい消費者に焦点を当てるべきである。医薬品については、商業利益を越えた公衆衛生の観点からのアクセスの保護を目標として見直すべきである。サービスについては、健康管理、水、教育、衛生などの基本的サービスへの普遍的アクセス権を検討すべきである。

④　製品、食品、作業場所の安全性ならびに衛生環境の確保

これについては予防原則を導入する必要がある。食品の安全性と食品の表示について、消費者が外国と国内の充分な情報をもって選択する政策を保障する。製品の安全性と環境基準について、国際基準より厳しいとする異議申し立ての規制などを明記する。

⑤　行き過ぎた企業合併と市場集中の抑制

国境を越える企業の競争の制限、国際間の合併、買収および企業提携の調査を入れる。

⑥　紛争解決手順の確立ならびに発展途上国の代表団への救済策の提供

協定の解釈について公開の原則を採用し、紛争解決システムにおける文書類と解決手続きを大衆的にオープンにする。

発展途上国の代表団に財政、人的資源、インフラの提供をおこなう。

⑦　投資規則の確保、財政的安定性の促進、秘密性のない多国間投資協定

見直しには、通貨投機や投機的短期投資に対抗する措置を含めるべきである。ＷＴＯ貿易投資作業グループに対し、海外投資の行なわれる国の経済、社会の発展、環境保護の義務の審査を義務付ける必要がある。

(3)　世界労働運動の転換

グローバリゼーションは労働者の権利にたいする挑戦であるという理解が、一九九〇年代に、国際自由労働組合連合会から小さい労働組合にいたるまでひろまった。アメリカ労働総同盟産別会議（ＡＦＬ―ＣＩＯ）も加盟する国際自由労連の第一六回世界大会（一九九六年）では、「労働者の立場は経済のグローバリゼーションと生産組織の変化によって一変してしまった」ことを運動方針で確認した。

それは、多国籍企業が生産拠点を海外に移すにつれて、一国労働組合運動主義あるいは企業内組合による既得権擁護運動では、先進工業国の労働者の賃金と労働条件を守ることができないことを明確にするものであった。発展途上国の労働運動と連帯し、その生活条件を高めることを、先進工業国の労働運動の課題として内包しなければならなくなった。つまり途上国の社会的劣悪条件下で働く人々を、既得権で守られていた先進国の労働運動のなかに取り込む視野を持つ必要が出てきた。

このようにして、九〇年代後半の労働運動は、社会的に疎外された人々の典型として、劣悪条件に耐えながら生活のために働かなければならない労働者の人間としての権利を樹立することを課題とするに至った。人間としての尊厳の守られた働き方をディーセント・ワークといい、正規の部門の外つまりインフォーマルな部門で働く人々を人間として社会に包摂することをソーシャル・インクルージョンという。ディーセント・ワーク、ソーシャル・インクルージョン、それらの社会運動のキーワードを二一世紀の労働運動のスローガンとするようになった。労働運動は社会運動になったのである。

労働運動が社会運動的要素を自覚するには、マルクス時代から長く定説化されてきた「労働力の商品」説からの脱却が必要であった。「労働者は商品」ではないとするカール・ポランニーの学説で運動を肉づけするのに時間がかかったが、しかし資本企業により推進されるグローバリゼーションに対抗する戦略として、「下からのグローバリゼーション」が労働運動の合言葉になった。

労働運動はその思想転換によって、かつて反目し合っていた環境保護運動と相互理解が進むようになった。ＷＴＯシアトル会議に向けた連帯は、かれらの相互信頼から生まれた。彼らはインターネットで密接な事前連絡をとって、一一月三〇日の早朝の共同行動に出たのである。

は、ＷＴＯによる貿易ルールを策定する新たな交渉の開始に反対する、という立場であった。

(4) 識者の評価

(一) マーク・リッチ――世界市民のグローバル・ガバナンス（地球的秩序形成）の可能性

「シアトルに集まった市民社会の運動代表のほとんどが一つの要求で一致していた。それは、ＷＴＯによる貿易ルールを策定する新たな交渉の開始に反対する、という立場であった。

ほとんどすべての人々が信じていたのは、今後どのように進んでいくかを考える前に、私たち自身が現在の状況を熟考し、非常に深刻な欠陥と問題を明確に指摘しなくてはならないということであった。この目的に関して言えば、私たちは成功を収め、このことがあっと驚く勝利となった。ＷＴＯの組織構造全体について言えば、多くのグループは、この数ヶ月で、この構造の問題を『修正』するか『消滅』させるかのどちらかを明確にする必要があると考えている。

シアトルの前には、私たちは、変革の望みはほとんどないと思っていた。シアトル後、この状況は一変した。万が一ＷＴＯが、農業交渉ですばらしい合意に達して成功を収めることができれば、――ある意味ではその可能性も全くは否定できない――そうすれば、その生命維持が可能になるであろう。しかしＷＴＯが、今後も私たちの見解と懸念を考慮することを拒否し続けるなら、その結果は散々なものになり、ＷＴＯの存続そのものを危機にさらすことになろう。

この機会を試金石とするために、私たちは早急に行動を開始しなくてはならない。今後数ヶ月の間にこれらの分野の交渉で私たちの考えを出すために、効果的で排他的でない許容力のあるグローバルなプロセスが必要である。

第一に私たちは、ＷＴＯが介入できない分野およびＷＴＯが関わると効果的なグローバル・ガバナンスにダメージを与える分野を判断する必要がある。第二に、ＷＴＯに断固とした行動を求める重要問題を特定する必要がある。第三に、私たちは、農産物のダンピング輸出など、ＷＴＯがすべての加盟国に対して規定を実施させると言う現行ＷＴＯ規定に焦点を当てる必要がある。

私はシアトルがひとつの分水嶺となるできごとであったということも、人々に記憶し続けてほしいと願っている。『We the people（我ら人民）』が、新しいアイディアを掲げ新しいエネルギーで、機能障害を起こしている抑圧的なグローバル慣行、警察、機関に立ち向かった場所であり、それが起こった時であったことを。いつの日か遠くない将来、シアトルの抗議が世界を新しい道に、グローバル・ガバナンスと世界平和を真に持続可能で正義に基づいたシステムへ導く道に切り替えたと言える日が来ることを願っている」（農民連主催、WTOに関する国際シンポジューム「二一世紀の食、農、環境を守るために」二〇〇二年二月二〇日～二二日の講演原稿から抜粋）

(二)　ニコラス・グァヤット（プリストン大学の新鋭の現代史学者）――もうひとつのアメリカの世紀

シアトルWTO会議が平静を取り戻した二日目、選ばれた抗議者たちと会談するビル・クリントン大統領のパフォーマンスがテレビに映しだされた。ビル・クリントンは新自由主義による世界リーダーとして、繁栄する「次のアメリカン・センチュリ」をスローガンに掲げた大統領である。

これにたいして、歴史学者のグァヤット氏は、疑問符つきの『アナザー・アメリカン・センチュリ――アメリカと二〇〇〇年以降の世界』（二〇〇〇年刊）を書いた。そのなかで、クリントン政権に仕えた世界銀行の経済主任が、世銀の方針を政治的、倫理的に支持できなくなったとして、シアトル会議の数日前に辞任した事実を指摘した。そしてその末尾に、「世紀末のシアトル」という結びで、大略こう述べた。

「世界は嘗て経験しなかったほど、密接につながった関係にある。最も裕福な国と貧乏な国との間の不平等はいまや記録的レベルに達している。これは矛盾に満ちた危険な状態である。公民として扱われていない抑圧された人々は、世界経済秩序の代案を阻止している富裕な個人や企業の手中にある政治勢力を、かれらの敵として容易に特定できるようになっている。したがって、現在のシステムにたいする抗議は続き、シアトルに現われたような直接行動あるいはアメリカやその他の国の富裕なエリートに敵意を抱く暴力的行動が起こるであろう。

シアトルでのデモンストレーションからわかるように、世界資本主義の進行に反対する民主主義は、『貿易の自由』や『資本の自由化』と両立できないことは明白である。移動の自由が必要なのは、資本か人間か。アメリカ合衆国はWTOを発展途上国に移管することによってのみ、この問題を〝グローバル化〟することができるのである。

過去三〇年間、国際経済のグローバル化は進んだけれども、政治・軍事の権力はアメリカが握っていた。アメリカは国際組織に敬意を払うとリップ・サービスを繰り返してきたが、WTO、IMF、世界銀行以外には目もくれなかった。アメリカはこれからもグローバルな問題に支配力を持ち続けるかもしれないが、抗議の合唱は起こるであろうし、単なる軍事的脅しや控えめな政治的抗議に終わらない可能性がある。

もし二一世紀が流血や社会破壊のない世紀となるならば、アメリカは豊かな資源と力を、富の再分配に用い、世界中の生活水準を向上させ、また経済よりも政治や環境のニーズを優先的にとり扱わなければならない。世界銀行とIMFの組織を改革し、累積債務の返済を免除し、健康や教育などの必須のサービスを経済的利益よりも優先させるべきである。

アメリカの政策のこの変革を妨げるものがあるとすれば、それは私利私欲、個人（と会社）の自由、地球的規模の協同の困難である。しかし、アメリカがこれまでの道をとり続けるとすれば、もっと大きい不平等の危険や暴力の不安、環境の破滅が起こるであろう。このような事態は『アメリカの世紀』というレトリックの下でおこるのである。アメリカの政治家や一般民衆は、狭いアメリカの利益にとらわれずに、グローバルな社会的、経済的変革のために、持てる力のかぎりを用いるべきである」

(5)　TOES二〇〇〇　ピープルズ・サミット（那覇、二〇〇〇年七月二一日～二三日）

G―7サミットの沖縄開催と同時期に、TOES（もうひとつの経済サミット）／JAPAN主催のTOES二〇〇〇の集会が那覇市で開催された。シンポジュームは第一部「グローバリゼーションへの対抗戦略」、第二部「沖縄の米軍基地撤去と経済自立の方策」をテーマとして行なわれた。グローバリゼーションは「新自由主義」の世界化であり、それは単なる経済の国際的自由化ではなく、経済外的暴力をもって大国優位の経済支配を強制するものであるとの見解によるものであった。沖縄の米軍基地はグローバルな暴力の基地にほかならない。シンポジュームでの発表の一部を再録する。

(一) 古沢広祐(国学院大学)——調整をせまられるグローバリゼーション

ミレニアムに向けて、世界貿易の新たな枠組みを話し合うはずだったWTO閣僚会議が決裂した。開催地のシアトルには、何万人ものNGO・市民が結集し、「環境、労働、人権、女性、消費者、子供、先住民、動物愛護、文化」さまざまなスローガンが飛びかった。グローバリゼーションの発祥地で繁栄を謳歌しているアメリカでグローバリゼーションに反旗が翻ったことは極めて象徴的である。

生活レベルの問題から、労働・社会問題、熱帯雨林、遺伝子組み換え食品など、深刻化する矛盾の震源地としてWTOが浮かび上がったのである。その後も、世界銀行の総会を始めとして、反グローバリゼーションの集会やデモが世界各地で続いている。(中略)

今後大きくクローズアップされてくるのは、企業のあり方への問いかけである。個別の事業体の経済行為を、地域レベルから貿易関係のあり方にいたるまで根源的に見直す動きが出始めている。すなわちNGO・NPOなどの草の根市民のグローバルな活動によって、多国籍企業・貿易・投資システムのコントロールを目指す動きが、社会的責任投資やフェアトレード運動に見るように活発化している。また、ミクロでも、地域通貨の再発見に象徴されるような地域コミュニティの再構築が活発化しており、グローバルにもローカルに

沖縄ピープルズ・サミット（2000年）

も、新たな動きが二極展開的に活性化する時代に入りつつあるわけである。NGO・NPO・市民の側が今後どこまでその力を発揮していけるか、まさに文明的転換への正念場を迎えようとしている。

㈡　ダグラス・ラミス（アメリカ、元津田塾大学）――パンドラの箱が開いた沖縄

ワード・モアハウスはTOESの創始者のひとりである。今年、シアトルのWTO会議の前に民衆法廷を開いて、WTOの「有罪者」に「逮捕状」を用意して、シアトルのWTO会場に入ろうとして逮捕された大変な人である。

沖縄を通じて南北問題が見えてくる。

沖縄米軍基地に抗議
（沖縄から基地をなくし世界に平和を求める連絡会）

いまTOESはオルタナティブ経済を中心に提案してきた。グローバリゼーションとその背後にある多国籍企業を批判してきた。今度の沖縄サミットではっきりしたことは、暴力なくして経済システムは管理できないということである。それは沖縄の米軍基地を見るだけで読み取れることである。不平等、不正、文化破壊、人間の無力化は平和的に拡大できない。暴力が必要になる。冷戦が終わったのに、なぜ米軍が沖縄に来ているか。私はモグラ叩きを思い浮かべる。各地の抵抗運動を、米軍は世界警察のように沖縄から出撃して押さえるのである。グローバリゼーションでは経済と軍事は密接に関連がある。米軍基地の撤去を求める要求は間違っていない。

㈢　大嶋朝香（生活クラブ生協神奈川）——遺伝子組み換え食品反対運動

人体にも生態系にもどのような影響をおよぼすか何の確認もないまま、一九九六年、遺伝子組み換え作物の輸入が許可された。そのことを受け、「健康、安全、環境」をテーマに共同購入運動に取り組んでいる生活クラブ生協は、一九九七年に遺伝子組み換え作物・原料の「原則不使用」と徹底した情報開示を決めた。その結果、アルコールなどの微量添加物を除いてNON—GMO化が終わった。これは生産者と組合員の協力と利用結集によるものである。遺伝子組み換え技術は今イネにまでおよぼうとしている。遺伝子組み換え技術をもって、種子支配、食糧支配をしようとしている巨大多国籍企業に対して、私たちはもっと積極的に訴えていく必要を感じている。

⑹　パブリック・シティズン主催の国際シアトル連合集会——WTOの方向転換の要求

（シンシナティ、二〇〇〇年一一月一六日）

㈠　パブリック・シティズンのグローバル・トレード・ウォッチがWTOの黒幕を摘発

二〇〇〇年一一月一六日、シンシナティで、ネーダーグループのパブリック・シティズンのグローバル・トレード・ウォッチが主催した会合に、シエラクラブ、AFL—CIO、農業労働者組織委員会、人間らしい経済連合、その他の全国および地域団体の代表者が集まった。そして、WTOを使って、市民の抵抗による貿易障壁を取り除く策謀をめぐらす、巨大企業の経営最高責任者たちがつくる黒幕的推進協議会を糾弾した。以下はその告発文である。

二〇〇〇年一一月一六日
シアトル市民連合は欧米企業の経営最高責任者のシンシナティ・グローバリゼーション会議を標的にする

市民サミットは環大西洋企業協議会（Trans Atlantic Business Dialogue,TABD）のシンシナティ会議がもたらす民主主義、環境、労働と人権の侵害を暴露する。

欧米巨大企業の経営最高責任者連合と政府官僚との非公式会議は、政策変更に並々ならぬ関心を持っている。それは消費者、労働者、環境および中心的消費者・環境グループの代表者を保護する国内法を改悪することである。

だが、アメリカの一般大衆は、食品安全はもとより一般市民の利益の擁護にたいする秘密攻撃に全く気がついていないと、市民サミット代表者は警告する。環大西洋企業協議会（ＴＡＢＤ）という企業家連合の方は、過去数年にわたって、グローバリゼーションの一〇〇余の政策要求のうち、すでにその半分を政府によって立法化してしまった。

パブリック・シティズン（ラルフ・ネーダーが組織したグループ）や人間らしい経済連合、バッキー森林会議（オハイオ州の森林とその住民の保護を訴える草の根団体）、農業労働者組織委員会、その他のグループが討論集会やデモ行進やイベントを精力的に開催しているのは、ＴＡＢＤを衆人看視の下におくためである。ＴＡＢＤは一一月一六日から一八日にかけての三日間、シンシナティでアメリカ、ＥＵの高官たちと秘密会議を開いている。これに対する抗議は、今日まで罰せられることもなく画策している強力なＴＡＢＤの存在について一般大衆に知らせるためである。

企業が貿易を管理し、その結果、企業主導のグローバリゼーションを裏工作する時代は終わった――パブリック・シティズンのグローバル・トレード・ウォッチ事務局長、ローリ・ウァラック氏は言う――ＷＴＯ拡大を阻止したシアトルの勝利記念日が間もなくやってくる。メッセージはあきらかだ。（勝利を）シアトルからワシントン・Ｄ．Ｃ．へ、パース（スコットランド）からプラハ（チェッコ）へ。そして今度はシンシナティに。われわれ市民は叫ぼう。民主主義に反する企業支配のグローバリゼーションはもう『沢山』だ。我々が要求するのは、もっとマシなものだ。

TABDはアメリカとヨーロッパの巨大多国籍企業の経営最高責任者の連盟である。TABDは一九九五年、当時の米国商務長官ロン・ブラウンがかれらにアメリカおよびEUの政府との直接接触を許すための提案によって発足した。TABDはその提案書で、国内の安全対策や環境政策、人権政策――かれらの二〇〇〇年中期報告書でこれらを『貿易の新阻害要素』と呼んだ――の除去を要求している。TABDはまたWTOの拡大を後押しさせようとしてきた。

「アメリカの大企業は政府高官への影響力と接触する特権を手に入れ、市民は意見を言うことができない。社会から排除された労働者、消費者、環境保護運動者らにとっては、大切な保健対策や労働者の安全や環境保護は、容赦なく切り捨てられてしまう。

公正貿易を求める活動家、環境保護運動家、信仰に基づく活動家のオハイオ地域連合は、シンシナティに現われたTABDに抗議するための様々な活動を行なうだろう」

㈡　WTOの方向転換に必要な一一項目を各国政府に要求

前述のとおり、市民団体、パブリック・シティズン、シェラクラブなどは、シンシナティ市のホテルで開催された欧米企業の経営最高責任者の連合である環大西洋企業協議会(Trans Atlantic Business Dialogue, TABD)と政府高官との秘密会合にたいして反対デモの抗議を行なったが、このときの抗議集会は、WTOの方向転換を求めて、次の一一項目を要求した。

①　WTOの拡大はすべきではない
WTOが投資、競争、政府調達、遺伝子組み換え、関税自由化をいっそう促進することによって、WTOの新たなラウンドまたは拡大を引き続き行なおうとする試みに我々は繰り返し反対する。

②　WTOは手を触れるな、基本的な社会的権利とニーズを守れ
社会的権利と生活の基本的ニーズがWTOの原則によって縛られることは不適当であり、受け入れられない。WTO協定は、たとえば、食べ物や水、基本的な社会的サービス、健康と安全、動物保護といったような、人間あるいはこの世の福祉に重要な影響のある問題に適用させてはならない。このような領域において貿易ルールによる不適切な侵害は、既に様々なキャンペーンを結果として引き起こしている。例えば、生物の遺伝子加工、原生林の伐採、国内禁制品の販売、タバコ販売網の略取に対する

反対がそれである。

③　ＷＴＯのサービスの貿易に関する一般協定を取り除き、基本的な社会的サービスを保護せよ

特に、健康、教育、エネルギーのほか人間にたいする基本的サービスは、国際自由貿易の原則に従属させるべきではない。サービスの貿易に関する一般協定（ＧＡＴＳ）においては、〝漸進的な自由化〟の原則とサービス部門への外国投資に込められた意図がすでに深刻な問題を引き起こしている。

④　知的所有権の貿易関連の側面に関する協定（ＴＲＩＰＳ）を取り除け、国のパテント保護体制を復活させせよ

我々はＷＴＯ交渉からＴＲＩＰＳを除外することを要求する。知的所有権を貿易協定に含める根拠は全くない。その上、ＴＲＩＰＳは多国籍企業による独占に拍車をかけ、不可欠な医薬品やその他の物資の入手を妨げ、知識と生命体を私的利益のために利用することに導き、生物多様性の基盤を崩し、貧しい国々にたいしてその社会的経済的福祉の水準の向上と技術的能力の発展を妨げるものである。

⑤　遺伝形質に特許権を認めるな

遺伝形質（life forms）に関する特許権はすべての国にも国際機関にも禁止しなければ

ばならない。

⑥　食糧は基本的人権に属する

食物の安全保障とその主権、自給自足農業、人道的な営農および持続可能な農業の推進と維持のための措置は、国際自由貿易の原則から除かれるべきである。特に第三世界の諸国への輸出に関しては、農産物の輸出補助金とその他の形のダンピングは禁止されなければならない。貿易システムによって、貧農、小農、零細漁民や土着民の生計の基盤を崩壊させてはならない。

⑦　投資の自由化は無用である。

貿易に関連する投資措置に関する協定（ＴＲＩＭＳ）は廃止されるべきである。全ての国と特に第三世界の諸国は、自国の生産部門、ことに中小企業の能力を増強するための政策選択（たとえば現地調達政策）を使う権利を保有すべきである。ＴＲＩＭＳの見直しはＷＴＯの投資問題の範囲を広げるために用いられてはならないことは明らかである。

⑧　公正な取引とは、国情により異なる取り扱いをすることである。

第三世界にとっては、国情により異なる特別な諸権利が、世界貿易システムにおいて認められ、拡大され、実施されなければならない。これは国際貿易システムにおける第三世界の弱い地位を配慮するからである。国により特別で異なる権利を認めることがなければ、第三世界の諸国が世界貿易から利益を受けることはありえない。

⑨　社会的権利と環境を優先させよ

環境、保健、開発、人権、安全、土着民の権利、食物の保障、女性の権利、労働者の権利および動物の福祉を扱う多国間協定の実施に伴う行動については、ＷＴＯが異論を唱えて取り止めさせることができない課題である。

⑩　政策決定過程の民主化

一般民衆は国際的商業契約について、自決権と知る権利、決定する権利を持たなければならない。このためには、何よりも、国際的商業団体において行なわれる交渉と実施内容の決定過程が、民主的で透明性があり、排他的でないことが必要である。しかるにＷＴＯでは、加盟国である第三世界の大部分の国と民衆を締め出す秘密的で排他的なやり方が行なわれている。ＷＴＯは企業エリート集団のために働く一握りの有力な政府によって支配されている。

⑪　紛争処理システムに異論あり

ＷＴＯ紛争処理システムは容認できない。それは不公正な原則からなる不法なシステムを強制し、非民主的手続きで運営される。またそのシステムは主権国家と地方政府が規則を定め、また法律を制定する役割を奪うものである。

4　第四回閣僚会議（ドーハ、二〇〇一年一一月九日〜一三日）

第四回閣僚会議の前日、カタール人男性が空軍基地に発砲し、射殺された。会議の初日の抗議デモは平穏に行なわれた。

(1)　慎重な論議と結論の先送り

閣僚会議は今回の会議で決めた内容を、「宣言」のなかで次のように明らかにした。

① 新ラウンドの交渉期間を延長して、二〇〇五年一月一日までの三カ年とする。

② 協議項目を第一回シンガポール会議で提案したものと同様とすることを確認した。

③ 農業については、ケアンズ・グループの主張する「農工一体論」を盛り込まないことにし、交渉結果を早期に決めることを回避した。

④ ダンピング防止については、WTOルールに即して、規律を明確にし、また改善をはかることにした。

⑤　貿易投資などのシンガポール・イシューについては、次の第五回閣僚会議のあとで、多国間のルールについて協議する。
⑥　環境については、多国間環境協定とＷＴＯルールとの関係に関する協議を始める。漁業補助金については、ＷＴＯルールの交渉の一部とする。
⑦　労働については、ＩＬＯの作業に留意するなどの言及にとどめる。
⑧　途上国の問題については未解決の事項を交渉対象とする。技術援助の促進と後発途上国の産品の市場アクセスの改善に努力する。
⑨　台湾、中国の加盟を承認する。

会議全体として、シアトル事件の一因が途上国を無視したことにあったことを反省し、途上国を取り込むための柔軟な配慮（たとえばモダリティ〔交渉の様式〕については「明確な合意」を前提とするなど）がなされた。しかしそれが次回（二〇〇三年）カンクン閣僚会議の蹉跌の原因になった。

(2)　G―77サミット（ハバナ、二〇〇〇年四月一〇日～一四日）

南側諸国のグループ―77（G―77）は、一九六四年、第一回国連貿易開発会議（UNCTAD）において設立された。それ以来、会議は開かれたことはなかった。

G-77 サミット（2000 年 4 月、ハバナ）

そのG－77は、二〇〇〇年四月、六九カ国によるはじめての首脳会議をハバナで開催した。こうした背景には、すでに八〇年代から懸案となっている途上国の累積債務のミレニアム棒引き問題、またアジアを襲った金融危機とＩＭＦの構造調整政策による深刻な失業問題などが、南の諸国の決起を促す事情があった。さらにＷＴＯ会議において、国際自由貿易に弱体な発展途上国を無差別に取り込む交渉が急速に進行しており、しかもそのＷＴＯの矛盾がシアトル事件であらわになったことにあった。

㈠　カストロのオープニング・スピーチ

ハバナがG－77のはじめての首脳会

議の場所に選ばれたのは、キューバがグローバリゼーションに対して途上国が採るべき一つの方向を示す国であったからである。そして、この会議を方向づけたのは、ホストであるカストロの基調報告であった。このなかで途上国の自立と発展にとって、知識と技術の重要性が強調された。「知的所有権の貿易関連の側面に関するWTO協定」にたいする途上国の注意を喚起する問題提起は、キューバの実績を踏まえた説明であって、説得力がある。以下その要点を再録しよう。

「過去二〇年間、われわれ第三世界は、ネオ・リベラリズムの拡大を目指す単調な講義を何度も聴かされてきた。それは『市場の規制緩和』、『最大限の民営化』、『経済活動からの国家の撤退』ということである。

グローバリゼーションはニュー・リベラリズムと大国の野心が結びついたものである。それは各国の主権を侵害している。グローバリゼーションは人々の連帯を進めるものではなくて、逆に市場の不公正を煽っている。(中略)

シアトルではニュー・リベラリズムに反対する暴動がおこった。この最近起きた事件は、投資に関する多国間協定を拒否するものであって、南の国に甚大な被害を与えてきた市場原理主義にとっては当然の報いであった。

グローバルな世界においては、知識が発展の鍵であるが、北と南の技術格差は科学研

演説するカストロ

究とその成果の私有化の強化によって、拡大する傾向にある。

世界の人口の僅か一五％の先進国が、インターネットの使用者の八八％をしめている。これら先進国は世界のコンピューターのパテントの九七％を支配し、国際ライセンスの九〇％を占めている。これに対し、南の国の知的所有権はゼロに近い。

民間企業の調査研究においては、利益をあげるためには、必要になるより前に、研究に先手を打つ必要がある。知的所有権は低開発国のための研究をしたがらない。パテントに関する法律の制定は、南に重要なノーハウの移転や南の知識の既得財産制度を認めようとしない。

民間企業の研究は、裕福な消費者のニーズに集中している。ワクチンの投薬によって病気を防止できるようになって以来、ワクチンは保健にとって安くて効果のある治療法となった。だが、ワクチン治療は利益が少ないので、投薬の繰り返しと高い利益を生む治療は、ワクチンはあまり歓迎されない。新しい治療法や最高の医療技術は、金持ち国で利益のあがる商品になっている。

ニュー・リベラリズムが社会に陰鬱な結果をもたらすことは目に見えている。一五年前に比べて、一人当たりの所得の低下した国は、一〇〇以上にのぼっている。現在では、一九八〇年代よりも暮らしの悪くなった人は、世界に一六億人もいるのである。（中略）

我々は、貧乏で搾取されるままの後衛部隊として、次の世紀を迎えることは我慢のできないことである。『後進国』と名指しされるのは、知識の導入から隔離され、外国の消費者向けのメディアから疎外され、人種差別の犠牲者となり、自身も外国恐怖症に陥っている国のことである。グループ77の国々にとって現在は、先進国に物乞いしたり、服従したり、敗北主義に陥ったりしている時ではない。戦闘心を取り戻す時代である。目標を定めて一致協力しあう時である。

思えば、五〇年前、先進国と後進国の間に格差はあってはならないという世界的約束があった。パンと正義の約束があった。しかし、現在、パンも正義も手にしていない。ニュー・リベラリズムは世界をグローバル化することはできないし、パンと正義に飢える一〇億の民を支配することはできない。

キューバでは『ホームランか死（三振）か！』が合言葉である。この第三世界サミットの合言葉は、こうだ。『団結か死か！』

㈡　会議の大要

会議は、討議内容を六三パラグラフからなる宣言として発表した。会議のコーディネーターのマーティン・コー（第三世界ネットワーク）の要約によると、次の諸項目が注目される。

(A)　グローバリゼーションへの対応

①　グローバリゼーションは全ての国と国民に利益をもたらすものでなければならない。グローバル化する国際経済政策の決定に途上国が参加すべきことを積極的に推進する。

②　開発と国際協力を推進するために、国連のシステムを活性化させ、役割を強化する。

③ グローバリゼーションにおいては、文化的多様性を保全し、かつ発展させる。
④ グローバリゼーションにたいする異論に南の機関を活用する。

(B) アクション・プラン
① WTO体制を見直し、改革すること。
② 「知的所有権の貿易関連の側面に関する協定」の見直しについて、共通の立場をとる必要を認識すること。
③ 農業交渉において、途上国の食糧の安全保障と農村の失業の解消の必要を訴えること。
④ 国際金融機構の改革を目指して行動すること。貨幣と金融問題に南の足並みをそろえること

(C) 知識と技術
① 途上国の知識と技術を創意をもって発展させよう。
② 南の研究機関を奨励しよう。
③ 途上国のために頭脳流出者を呼び戻そう。
④ 南が知識と技術を導入できる国際環境を創り、持続させ、また知識技術の取得にたいする障害を取り除く国連の役割を強化しよう。

（D）　南―南の協力

南―南の貿易と投資の拡大の努力を新たに促進する。

①　貨幣と金融の分野における協力を強化する。

②　能力開発と人的資源の強化など社会開発の推進のための協力を強化する。

③　南―南の相互協力の拡大

（E）　北―南の関係

冷戦終結後は平和が訪れ、発展途上国にたいする支援が増すことを期待していたが、ＯＤＡなどの多国間援助は低減し、途上国の核心に触れる問題の解決には注意が向けられなかった。多国間国際協力は途上国にマイナスの影響しかもたらさなかったので、われわれは多国間協力への参加の熱が冷めた。

（F）　食糧の安全保障

農業の貿易に関する多国間交渉は、農業が主要部門になっている途上国の食糧の保障と農村の雇用に特別の配慮を払うべきである。

（G）　実行と調整

南サミット（Ｇ―７７）は採用された決定の実行と調整のために、一〇〇〇万ドルを目標として特別基金を設ける。

5　第五回閣僚会議（カンクン、二〇〇三年九月一〇日〜一四日）

(1)　再び閣僚会議宣言のない閉幕

㈠　経過

出席国は一四六カ国・地域となった。議長にメキシコ外務大臣デルベスが当たることになった。ＷＴＯ一般理事会議長から各国に、閣僚会議文書案第一次改訂版が配布され、それについて論議が始まった。

また、農業、非農産品、市場アクセス、シンガポール・イシュー、開発の五分野で作業部会が構成されて、論議が開始された。一三日に閣僚会議文書案第二次案が提出された。しかしシンガポール・イシューで各国の主張の根深い対立を解消するにいたらず、それが引き金になって、一四日午後、デルベス議長が会議半ばで閉会を宣した。したがって閣僚会議の宣言を出すことができず、声明を出すにとどまった。

㈡　シンガポール・イシューでの紛糾

ＷＴＯの分野別会議がどのように行なわれるかは、一般の人にはわからないので、九月一四日のシンガポール・イシュー（投資と競争、政府調達の透明性）の場合について、議事進行の過程を再現してみよう。

九月一四日、早朝、議長デルベスが九カ国（アメリカ、EU、メキシコ、ブラジル、中国、インド、マレーシア、ケニア、南アフリカ）の閣僚を、〝グリーン・ルーム〟と呼ばれる部屋に召集し、シンガポール・イシューについて、各国の意見を聴取し、各自、自分の見解をのべた。

それからしばらくたって、今度は約三〇カ国の閣僚がグリーン・ルームに召集された。デルベスは、各国の見解の隔たりを埋めるために、今回の会議の主要議題すべてについて、意見をのべさせた。一巡したあと、ではシンガポール・イシューから具体的に始めようと言った。彼がそうしたのは、前夜、各国代表団長の集まりで、閣僚会議文書案第二次案にたいする反応を確かめた上のことであった。

今召集された会議では、発展途上国から、シンガポール・イシューの全体像をわかるまでは、協議を始めるべきではないという発言が繰り返し出された。デルベスは、では、わかりやすい「貿易の簡素化」と「政府調達」の協議から始め、残りの二つ、「投資」と「競争」は討議録から外してもよいからと言った。EU貿易担当閣僚のパスカル・ラミは、合意に基づいて協議を進めるというのがドーハ会議でのマンデート（委任された交渉権限）であるから、「投資」と「競争」の二つをWTOの協議から削除することに同意したとされるような印象を与える発言をした。それによって、「貿易の簡素化」と「政府調達」の二つについて論議する手はずがとられた。

これに対して、「貿易の簡素化」と「政府調達」の協議に応じられないという国が少なくなかった。デルベスは、各国の代表がこの案について他の仲間と相談できるように、一時間余りの間、会議を中断した。

この会議の休憩中、ACP諸国(注4)と後発途上国とアフリカ連合は、四つの案件のすべてを協議の遡上にのせるべきではないと、ドーハでのマンデートをたてに反対することを決めた。

(注4) ACP諸国とは、フランス、ベルギー、イギリスなどのかつての植民地であったアフリカ、カリブ海、太平洋諸国が、旧宗主国と緊密な経済協力関係を維持するために、一九七五年に「ロメ協定」を結んだ国である。一九九〇年現在、六八カ国が参加している。

再開後の会議では、ACP、後発途上国、アフリカ連合は、四つの案件はいずれも協議の対象とすべきではないと発言した。韓国はどの案件も協議から外すことはできないと発言したといわれる。

デルベスはこの雲行きを見て、シンガポール・イシューのどの一つも協議の開始に合意が得られないから、全部交渉がなかったことになると述べ、(注5)グリーン・ルームでの会議を閉じることを決意した。

（注5）前回のドーハ閣僚会議で、インド、マレーシアなどの途上国の提案により、「交渉の様式については明確なコンセンサスを行なった上で交渉を開始する」ということが合意されていた。

以上はシンガポール・イシューが流れた直接の理由であるが、それは途上国の国内産業の保護育成を弱めるものであったからである、会議の失敗の原因はもっと深く広いところにあった。それより先の三日間、農業問題について、EU、アメリカに対して、インドを主唱者とする二一の発展途上国と、特産品と特別保護機構（政府による零細農の生活保護）を要求する三二カ国の同盟とが激しく対立したのである。

（三）農業

先進資本主義国と発展途上国の両者の国内農業の保護育成の問題は、WTOカンクン会議の最大の争点になった。農産物貿易についてはウルグァイ・ラウンドで原則的な問題、すなわち市場アクセスのための関税化と国内の農業助成、輸出補助金による保護のレベルを、今後五年間に大幅に引き下げるということについては、ほぼ合意ができていた。しかしそれらの引き下げの率や方法については、論議すべき問題が残っていた。

二〇〇三年三月には、農業委員会特別会合議長ハービンソンは、大要、次のモダリティ（約束の基準）を示していた。

〔市場アクセス〕

(1)　関税

＊全農産物の単純平均により五年間で以下の方式で削減する。

九〇％より高い関税は、平均六〇％、最低四五％

九〇％以下で一五％より高い関税は、平均五〇％、最低三五％

一五％以下の関税は、平均四〇％、最低二五％（以下略）

(2)　関税割当

＊最終的譲歩約束の関税割当数量が国内消費量の一〇％に満たない場合には、同割合まで拡大する。（以下略）

〔輸出競争〕

＊輸出補助金約束の対象となる全農産物の最終譲許金額の最低五〇％に至るまで積上げた農産物の各品目については、金額と数量の最終譲許水準一〇〇を、一年目の初めに七〇の水準、二年目の初めに四九の水準等として段階的に削減し、六年目の初めに撤廃する。

〔国内支持〕

ＷＴＯでは、農業の貿易自由化にともなう、農業生産者に対する各国の国内助成措置を次の三つに区分した。

（イ）緑の政策……基本的に貿易・生産に影響を及ぼさない措置
（ロ）青の政策……生産制限に伴う直接支払いで一定の条件を満たす措置
（ハ）黄の政策……他のすべての措置

＊黄の政策[注6]のばあい、総合農業保護相当額[注]で毎年等量で五年間で六〇％削減する。（他略）
（注6）各品目の内外価格差に国内生産量を乗じた価格支持の合計額に、不足払い補助金、環境保全に対する直接支払いを加えた金額のこと。

アメリカとＥＵは、八月中旬、ＷＴＯ当局に、国内支持政策についての具体案を共同提案した。

それは大要つぎのとおりであった。

（1）国内助成を廃止ないし削減しなくても良く、また輸出補助金の廃止と輸出金融の整理についてドーハで決めた目標を守る必要がない措置
（2）発展途上国が生産物の輸出を段階的に削減するのに応じて、先進国は高い関税を次第に引き下げる「混合」方式

途上国にたいして「特別かつ異なる待遇」を実質的に適用しない右の提案は二一カ国を超える途上国（ブラジル、インド、中国、南アフリカなど）を怒らせた。彼らは結束してつぎ

の提案を行なった。

① 先進工業国に、「混合」方式を用いている期間中に、すべての種類の国内助成を削減し、輸出補助金を廃止することを要求する。

② 関税の引き下げではなく、途上国に「特別かつ異なる待遇」を付与すること、また洪水的輸入に対する「特別措置」と特別セーフガード（保護措置）を途上国に提供すること。

しかし、この二一カ国の「特別措置」と特別セーフガードに関する規定は弱いものであった。途上国のなかには、もっと有意義な特別セーフガードを求め、WTO会議中に特別成果と特別セーフガードのための同盟をつくるものもあった。

農業に関するカンクン文書草案は実際的にはアメリカ—EU案を採用し、途上国の提案の採用は不十分であった。提案と同じ趣旨は九月一三日の閣僚文書改訂草案にも盛り込まれた（マーティン・コー：An Analysis of the WTO's Fifth Ministerial Conference〔Cancun, 10-14 September 2003〕による）。

⑵ ワールド・ソーシャル・フォーラム（ポート・アレグロ、二〇〇一年一月二五日〜三〇日）

ニュ・・リベラリズム、資本による世界の支配とあらゆる帝国主義に反対し、人間同士、人間と地球の実りのあるグローバル社会の建設を目指す市民社会のグループが、二七の分科会からなる第一回集会のシンポジュームをブラジルで開催した。その中から二つを紹介しよう。

㈠　国際貿易

報告と提案者

マーティン・コー（第三世界ネットワーク）

ヘクタ・デ・ラケバ（アリアンサ・ソシャル・コンティネンタル、メキシコ）

ロリ・ワラック（パブリック・シティズン）

ポール・ニコルソン（ビア・カンペシーナ、ベルギー）

ジャン・ラペール（ヨーロッパ労働組合連合、ベルギー）

ほか

報告者たちの最終提案

①　基本項目

・ピープルに奉仕する経済であること

・古い世界秩序とは異なる世界を創造するために、個別の国民国家やＮＧＯ、労組などの利害を超えるグローバル経済が必要である。

②　特別項目

・農業部門のダンピングの禁止
・普遍的権利としての食糧主権の確認
・基本的生産資源（水、土壌、穀物）を取得する権利の保障
・IMF、世界銀行の業務とWTOの有害な機能の分析と指摘
・WTOを変革するために政府を支援し、助言を与え、激励すること
・WTOの新協定のすべてを問題にすること

㈡　ソリダリティ経済の展望

(A)　経済的連帯グループのケベック総括——抵抗と創造

グローバリゼーションと闘う南北の活動家たちが、社会連帯を基礎にした世界経済学の創造に取り組むための集会が二回あった。第一回は一九九七年のリマ国際会議、第二回は二〇〇一年のケベック国際会議である。第二回会議には三七カ国（北一二、南二五）、三二七人が参加した。その討議内容が報告されたが、要点は次のとおりである。

社会連帯（ソリダリティ）を基礎とする経済学とは、

①資本の利益を最大にするのではなく、社会的必要を第一の目的とし、生産活動を統一して人々のニーズを充足する。

②上からの決定と統制ではなく、対話と協同による、地域、地方、全国、国際のレベルでの協同組合型のネットワークを設定する。

社会連帯を基礎とする経済学の活動に含まれる特徴とは、

①不分割の集団的所有

②富みの分配は資本を基準とするのではなく人間の労働を基準とする。

③加入の自由と民主的経営

④国家との関係では政策的自主性と経営の自立

このような組織的事業活動の事例には次のものがある。

①ラテン・アメリカの生産作業所、西アフリカの工芸グループ、ヨーロッパとケベックの社会参加型企業の仕事づくりと雇用

②村人グループ、生産協同組合、農業生産者組合による農業経営と食糧生産農村の穀物銀行やその他のグループ直売組織による農産物や資材の販売

③演劇グループ、芸術協同組合、ホームメイド製品の販売会社、大道芸や芸術品制作の養成学校による文化活動

④　連帯に基づく貯蓄貸出機関、信用協同組合
⑤　集団的医療保健
⑥　森林組合、資源再利用、リサイクル社会企業などによる集団的環境保護
⑦　自営建設組合や協同組合によるコミュニティの生活環境改善
⑧　共同キッチンやコミュニティ農園による自給農業
⑨　都市、農村の住宅供給組合

以上、社会連帯を基礎とする経済の事業活動は、コミュニティの経済的組織と社会組織を強化する方法で、基本的経済を発展させる道への第一歩である。この新しい事業の制度と能力が、国家レベルと国際レベルでの経済の発展過程を刺激する基礎となる。

第一段階では、都市、農村での小規模な手作りの生産、交換、販売のシステムであるが、やがて、南と北の地域発展と社会経済的事業起こしになくてはならないものになる。これは一般民衆の既存の経済から始めることができる点が強みで、地域と設立企業が連結を強化すれば、社会連帯の経済事業を組み立てることができる。いままでは公共企業、私的企業によって奪われていた部門であるが、真の社会革新によって持続可能な経営に蘇らせることのできる分野である。

(E)　ソリダリティ（連帯）経済についてのシンポジューム

議長：　サンドラ・　キンテーラ（ブラジル連帯社会経済ネットワーク）
報告者：ジァン・ルイ・ラヴェーユ（フランス）、ホセ・ルイス・コラージィオ（アルゼンチン）、ロサ・ギレン（ペルー）

ソリダリティ型経済の展望について、ワーカーズ・コープ、有機農業運動、労働市民運動、倫理的消費者運動、地域貨幣運動、倫理的銀行・信用組合、協同組合、コミュニティ放送局、市民農場、中小企業地域ネットワーク、コミュニティ・ケア・センター、コミュニティ・キッチン、連帯ツーリズム、多部門レストラン、青年環境団体、連帯バイヤーグループなど多様な業種や事業から活動家多数が参加した。

討論の焦点は次の点にある。すなわち、

① ソリダリティ経済は、単にミクロ（個別）経済にインパクトを与える偶発的な実践にとどまるのか、それとも富の生産と分配、自然と環境の保全、全ての人々のニーズを満たすことを主題とし、個人や社会集団を持続的に、かつ大規模に参加させる可能性のある事業に発展するものなのか。換言すれば、ソリダリティ経済はネオ・リベラリズムによるグローバリゼーションが引き起こす社会的苦痛を緩和するためのものなのか、それとは別個の人間的グローバリゼーションを下支えする可能性をもつものなのか。

② 知識、人間の創造力、労働、互助は、果していつまでも連帯経済の中核的な価値となり続けるであろうか。

この論点について、いろいろな意見と提案が出された。その結果、意見の一致点と 同調できない点は次のとおりである。

① 合意事項

・ソリダリティ経済はもうひとつの経済と生産構造を先どりするものである。
・企業経営と経済全体への挑戦である。
・ソリダリティ経済はいままでの努力を総合的に結びつけるであろう。
・戦略の共有を強化すれば、全体としてのソリダリティ経済が育成されるであろう。
・ソリダリティ経済の目的の一つは、各人の物質的ニーズを環境保全に合致させるようにすることである。
・生産者と消費者の自主決定権を強化する。
・経済学の自然科学化を止めよう。
・女性の日常生活での連帯実践の豊富な経験を取り入れよう。
・分権と自立を推進するための経済と教育を樹立する。
・ソリダリティ経済は経済的枠組みで終始するものではなく、社会的政治的枠組みとして進行するものであるから、国家と市民社会のなかの関係を民主化することが大切である。

・人間と労働を中心とするグローバリゼーションの建設は日々繰りかえされる営みであって、人並みの生活条件、人権と社会的権利の充足、多様性を認める公正さに基づいて、社会を統合する可能性がある。

② 同調できない事項

ソリダリティ経済の範囲についてと資本主義システムに取り込まれて運営される危険性に関して問題がある。

第四章

ポストＷＴＯの経済原理と実現方策

ニュー・リベラリズムがＷＴＯを使って世界市場を制覇する野心は、さまざまな抵抗にあっている。その抵抗運動の中から、様々なオルタナティブをもった社会運動や理論が育ってきている。第三章で登場する対抗運動はそのなかの一部である。「ソリダリティ経済」の討論に参加するさまざまな労働組織、協同組合、研究者グループが、その一つの例である。かれらは、世界市民による「下からのグローバリゼーション」を提起し、その推進機能を担うことを意識し始めている。それが確実に発展するかどうかは、まだ確信をもって予測できない。しかし、ＷＴＯの矛盾のなかから、「下からのグローバリゼーション」を求める運動が出現してきたことは、世界史に記録すべき新しい現象である。

グローバリゼーションの行く末を占うには、モノとサービスの貿易のグローバリゼーションだけではなく、ＷＴＯのシンガポール閣僚会議でいみじくも提起された知的所有権、投資、政府調達、開発などの広範囲な事項を分析しなければならない。それだけでも不十分である。そのほかに通貨、金融のグローバリゼーションの問題がある。また世界の資源、環境の大問題がある。さらに国民国家と国連の関係に関する将来の世界の統治方式の問題がある。これらはどれをとってもそれぞれ特大のテーマである。この小さい本で取り扱うことは到底不可能である。したがって、本章では、ＷＴＯが「下からのグローバリゼーション」の進行とあわせて、今後どのような位置づけになるかを考えるにとどめよう。

考えてみれば、初期資本主義は、一八世紀、農村・都市の共同体のなかから発生し、共同体の土地・自然資源と人間労働力を収奪しながら、資本を蓄積し、成長してきた。それは、国内の村落共同体の崩壊と同時進行のかたちでの国民経済の形成、またやがて国外では原住民共同体を植民地化し、より収奪的に世界市場に編入する近代の歴史でもあった。二〇世紀後半とくに一九九〇年代以降のグローバリゼーションは、その最後の段階の始まりである。

この歴史的展開過程を見ればわかるとおり、近代社会は資本主義的セクター（部門）と共同体的すなわち地域住民の共有セクターの二つから構成されている。ヘーゼル・ヘンダーソン（注1）の図解（表-7）によれば、資本主義は既成の経済学で言う「市場」と「コモンズ」の混合体であり、資本はコモンズ（入会地）のなかに市場を広げて大きくなった。入会地（コモンズ）に放牧される家畜の繁殖が増えると、入会地の地力が過放牧のために劣化し、やがてコモンズが持続できなくなったのと同様に、多国籍企業とそれを代表する超大国による限度を越えたグローバリゼーションは世界を枯死させようとしている。

世界をシステムとしてみれば、世界は開放システム（市場経済）と閉鎖システム（共同体）から構成されている。開放システムにおける自由は、資源の私的所有による分割処分を促進し、自由競争の激化によって弱肉強食を社会の原理とするものである。開放システムの経済原理による資本の自己増殖を押さえ込むには、新しいパラダイムでの閉鎖システムの社会原理に置き換える必要がある。

グローバリゼーションの時代には、地球的規模の市民社会がコモンズの役割を果たし、巨大資本企業による資源の簒奪に一定の規制枠をはめることが必要になる。また経済活動は弱肉強食型の競争すなわち勝―負（Win-Lose）のルールではなく、関係者が互いに得をするような取引（Win-Win）のルールに置き換えなければならない。そのためには、新しい閉鎖社会の原理が復権しなければならない。つまり、社会が協同組合型の市民社会すなわち協同社会に移行しなければならないということである。

表-7　市場とコモンズの異なるモデル

エコノミスト	未来学者／システム
市場・私的所有部門	開放システム
・個人による意思決定 ・競争 ・見えざる手の法則 ・集中排除	・分割可能な資源 ・勝（ウイン）―負（ルーズ）のルール （アダム・スミスのルール）

コモンズ・公共部門	閉鎖システム
・共有財産 ・使用について規制のある独占 ・コンソルティア〔企業連合〕 ・ネットワーク ・標準化	・不分割資源 ・勝（ウイン）―勝（ウイン）のルール ・協同組織 ・合意

備考　Hazel Henderson; *Building a Win-Win World—Life beyond global economic warfare*, P271による

ＷＴＯによる貿易自由化の進め方は、資本主義の市場原理を貫徹させてゆけば、結果的に、ＷＴＯ協定の前文にあるような理想的な社会が実現するという、ネオ・リベラリズムの社会思想から一歩も外に出るものではない。

協定前文によれば、ＷＴＯの目的は、「①生活水準の向上、②完全雇用、③高水準の実質所得及び有効需要の着実な増加、④物品およびサービスの生産および貿易の拡大、⑤異なる経済開発の水準への配慮、⑥環境保護・保全、⑦持続可能な開発、⑧世界の資源の適切な利用、⑨途上国の貿易量の確保」（渡辺頼純編著『ＷＴＯハンドブック』による）である。

しかし、世界的規模で市民団体がＷＴＯに抵抗しているのは、現在の資本主義の市場原理に任せておけば、コモンズの生活も雇用も所得も環境も開発も資源もすべて犠牲になる

ことを、すでに経験しているからである。人々が怖れているのは、現代の科学技術の発達とそれを独占する多国籍企業の行動が、地球の資源を食い散らし、グローバルな生活環境を崩壊させるのではないかということである。市民が期待しているのは、参加し管理できる協同社会の枠内に、WTO的自由化を閉じ込め、人員整理を誘発しない、食の安全を脅かさない、環境を破壊しない貿易である。ヘンダーソン流に言えば、相互あるいは多国間の民衆の間にともに得になるようなWin-Winの人間関係、また人間と自然の間にWin-Winの関係が生まれる貿易である。

それにはどうしたらよいか。その一つの方策は、世界の貿易を市場原理に任せるのではなく、むしろ世界の民衆の国際的な産直方式にすることである。たとえば食糧は国内自給を基本として、不足する物品は提携国の生産団体にあらかじめ生産を委託し、生産者から生産物を計画的に購入すればよいのである。日本の協同組合では、この産直共同購入の経験を国内でまた国際的に積んでいる。生産者と消費者が互いに顔のみえる関係で、計画的に予約売買できるこの方式のほうが、市場方式によるよりも無駄がなく、互いに相手の事情や環境を考慮することができる。そうした国際交流を積み重ねることで、国際紛争のない世界に近づくことができるのである。国際産直は食糧に限らない。その他の物財についても、条件を考慮すれば、適用は可能であって、普遍性を持つ原理となろう。日本の産直経験とノーハウを他に移転するには、WTOの加盟国と同じくらいの数の国が加盟し、約六億人が組合員となっている国際協同組合同盟（囲み記事）の組織を活用すればよい。第三章で見た「ソリダリティ経済」集会の発言内容には、協同組合の方式と共通の提言が多く見られるのである。

国際協同組合同盟

協同組合は資本主義にたいする対案として生まれた市民社会の組織である。人間とコミュニティを基礎とする自治社会を理想とし、「一人は万人のために、万人は一人のために」をモットーとしている。自助、自己責任、平等、公正、連帯を組織的価値とし、誠実、公開性、社会的責任、他者への配慮を倫理的価値として、地域社会への貢献などを原則として結ばれる経済的、社会的、文化的協同組織である。現在、世界の主権国家ごとに、農林漁業、生活、中小企業、住宅、労働、共済、医療保健、運輸など、多種多様な職業分野にわたって個性をもって組織され、組合員は約六億人にのぼる。

それらの協同組合が加盟する国際センター組織が、国際協同組合同盟（本部はジュネーブ、大陸別に支所がある）である。一八九五年にヨーロッパのイギリス、フランス、ドイツ、オランダなど九カ国がインド、アメリカ、オーストラリアなどの参加を得て、同盟組織として設立して以来、現在、旧社会主義国からも参加があり、世界のほとんどの国の協同組合が加盟する文字どおりグローバルな連帯による政治的中立の民間・ＮＧＯ団体である。国際協同組合同盟は一九二一年以来、協同組合の理念、原則、実践の戦略などを、加盟団体に勧告しており、国民国家の枠を超えた世界的観点からの運動によって、国連の諮問機関になっている。

貿易という国際的契約に関しては、国際協定と国民国家の国内法の整備との手続きのために、ＷＴＯのような何らかの国際機関が必要であろう。しかし、貿易契約の中身が重要である。手続き機関であるべきＷＴＯが、多国籍企業の主導する資本主義的市場拡大を図るところに、紛糾の原因がある。

そうしたＷＴＯの運営の前に、国民国家が地球コモンズの存在を再確認し、これを強化する実際的措置を国際的に採らなければならない。例えば、国連の専門機関である国連貿易開発会議や世界保健機構、ＩＬＯ、食糧農業機関、ユニセフ、ユネスコなどの人材と予算を充実し、権限と責任をもって実質的に活動できるようにしなければならない。また国際協同組合同盟のような国際ＮＧＯの原則的合意事項に基づいて、国民国家の国内の関係法制を整備するようにしなければならない。現在は、ＷＴＯの経済開発交渉より先に、地球コモンズの社会整備が必要である。ＷＴＯの新ラウンドはコモンズの再形成に役立つし、支援する形で一歩さがって論議すれば、円滑に進捗するのである。

国連の社会経済理事会関係の専門機関のほかに諮問機関であるＮＧＯが、国民国家から自立した地球的次元での活動を強化するには、自主財源が必要である。財源確保の一案として参考になるのは、ジェームズ・ロバートソン(注2)の提唱する地球税が参考になる。地球税とは、各国の環境税を地球の共有財産に拡大したものである。例えば、

「・海洋漁業、大陸棚採鉱、航路、航空路、大氣圏外、磁気スペクトルのような国際資源の利用に対する課税と料金徴収

・地球環境を汚染したり損害を与える活動、あるいは国境を越えて被害をもたらすもの、たとえば二酸化炭素とフロンガス、油漏れ、廃棄物の海洋投棄、その他海洋と大気汚染行為にたいする課税と料金徴収

・軍事費と武器輸出にたいする課税

・国際的な収入の造成および国民経済の自立増強を促進するために、世界的に一斉に行なう世界貿易政策にたいする一般的追加課税

・国際通貨の交換取引にたいする一率課税」

（ロバートソン『二一世紀の経済システム展望』九〇頁）

将来の国際通貨としては、国際通貨基金（ＩＭＦ）の準備通貨（ＳＤＲ）(囲み記事)を利用できるかもしれない。ＳＤＲは一人当たりの分配金として、各国政府にたいして毎年発行され、発

展途上国には開発援助のためのクレジットの形で、あるいはすべての国に（ＩＭＦと国際決済銀行《（囲み記事）》の現在の機能を結合して生まれたばかりの世界中央銀行による）クレジットの形のいずれかで発行されることになろうと、ロバートソンは言う。そのためには、各国において、商業銀行による信用通貨の発行権を、その国の中央銀行に一元化する。その上で、国民がそのニーズに基づいて、毎年、通貨の追加発行額を決定するため、国家予算に織り込んで民主的議会で決定する。このような金融システムの改革が、国民国家の課題になる（ロバートソン『新しい紙幣の創造』）。この銀行改革は、金融という市民社会での公的な事業を、民間企業の自由競争の原理にまかせないで、新しいコモンズの公正の原理に従属させる道である。

以上の経済改革が、ＷＴＯの設立の前に、目に見える形で進行していなければならないのである。

（注１）ヘーゼル・ヘンダーソン女史はアメリカの未来学者。世界的規模の新聞記事配給のコラムニストで、ワールド・ウオッチ研究所など多くの機関にたいする持続可能な発展のコンサルタント活動をしている。自給自足経済を含む社会経済の全体構造を解説したケーキの図（『生命系の経済学』第三章）は、日本でも多くの人に親しまれている。

（注２）ジェームズ・ロバートソンはイギリスの経済政策学者。「もうひとつの経済サミット」の創立者の一人。『未来の労働』、『二一世紀の経済システム展望』、『新しい貨幣の創造』など、

日本で翻訳された著書がある。来日二回。知人も多い。

ＳＤＲ

Special Drawing Rights、特別引出し権の略語。ＩＭＦ（国際通貨基金）が発行している一種の通貨で、国際収支が赤字に陥った国は、このＩＭＦ通貨を対価として、外貨準備の豊富な国から必要な外貨を調達できる。一九六九年に既存の国際通貨である金やドルの準備資産を補うものとして創設された。ＳＤＲの設立当初はドル等価とされたが、七三年にドルが変動相場制に移行してからは変動レートで決済される。発展途上国にたいしてＩＭＦはＳＤＲを融資しすぎるのでインフレを招くという批判もある。

国際決済銀行（ＢＩＳ）

Bank for International Settlements、国際金融の安定のために、一九三〇年、スイスのバーゼルに設立された。加盟国中央銀行はＢＩＳに口座をもち、各国の中央銀行の金・為替の売買や預金の受け入れなど国際的金融決済を行なう国際特殊銀行。国際金融の統計資料を公表し、また金融取引のリスクを回避するために、加盟各国の銀行にたいして行動基準を提案している。一九八八年、海外に支店を持つ各国銀行にたいして、自己資本比率八％の国際統一基準を決めた。日本国内では金融庁が四％の基準比率を決め、これを契機に日本の銀行の不良債権処理が促進され、バブル経済の破綻が始まったことは記憶に新しい。

資料

付録1

TOES／JAPAN

アジェンダ「超国家企業の支配下のグローバリゼーションに対するNGOによる地球的規模での秩序づけの提案」

二〇〇〇年六月一五日

グローバリゼーションの進行過程をいかにコントロールするか

はじめに

二〇世紀末の技術、ことに交通・情報通信手段の発達によって、世界的規模で文化の相互交流が容易になった。二一世紀には文化のグローバリゼーションの形に発展するであろう。この意味では、われわれ地球市民はグローバリゼーションのルールづくりに責任をもたなければならない。現在のグローバリゼーションにはルールが欠如しているので、科学技術の急速な発展にともなって、政治、経済、社会、文化、地域問題の混乱が起こっている。いわゆるグローバリゼーションは経済的利益を偏重し、人間の価値の軽視をもたらしている。市場経済のグローバル化は超国家企業の支配下で推進されているからである。

新しい百年紀にあたり、人間性の価値の崩落を食い止めるために、アジアの文化的価値観に立って、この提案をするものである。

二〇世紀の前半は、北半球の大国が南半球の多くの国を植民地化した。この世紀後半には、核兵器を保有する大国が小国に軍事力を誇示し、威圧し、地球市民の政治・経済に関する合意のシステムが生まれ、将来数十年のうちに、G8とその他の軍事大国の独占的支配は、村、都市、準国家、国民国家、大陸圏国家からなる単一多層世界国家に移し代えられるであろう。超国家企業の支配下にある現行のG8の政策決定システムを改革するには、われわれは何をしなければならないか。

Ⅰ　グローバリゼーションの進行過程で、超国家企業は情報技術の開発によって、世界の資本市場を地球規模の「カジノ」にしてしまった。そのマネー・ゲームのために、一九九〇年代にアジア諸国で経済危機が起こった。グローバリゼーションはアメリカの金融市場の基準、通貨投機、企業の合併統合を、アジアの経済制度に押しつけたので、アジアの経済混乱が起こった。市場のグローバル化は過当競争、倒産、失業を引き起こす。その市場経済を世界の基準としないように、各国が世界の文化の多様性を尊重し、それぞれの国の環境と福祉の保全を優先する世界の共通のルールを作成することが必要である。

その実現の方策としては、国連がグローバリゼーションに伴うすべての問題とグローバリゼーションの本質を議題とするＮＧＯ会議を開催し、国連総会の決議とすることが望ましい。

Ⅱ　国連は赤十字連盟、国際協同組合同盟（ＩＣＡ）、国際法律家委員会、主要国際労働団体やその他の類似ＮＧＯに権限の分与をすれば、グローバリゼーションの進行を公正なものにすることができる。そのため国連が超国家企業とその被害を訴える者との間の紛争を調停する権限をこれらのＮＧＯに与え、それらが調停組織や機関を創ることができるように努力する必要がある。たとえば、ＩＣＡは九八カ国、五億人が加盟する協同組合の国際組織であって、一九九九年の総会で超国家企業の経済的覇権主義から組合員を保護することを決議している。ＩＣＡが超国家企業と交渉する権限を保障されれば、利潤のために超国家企業がほしいままに市場の拡大をはかることを抑制できるであろう。グローバリゼーションによる過当競争からくる人権侵害については、国際法律家委員会があたればよい。国際ＮＧＯは七〇〇団体以上あり、強力な権限が保障されれば、国民国家の権威の及ばない問題の解決にあたることができる。

Ⅲ　国連はこの方面の課題に取り組むには資金が不足していると言われる。その理由は国連の主要財源がＧ８の分担金に依存しており、Ｇ８は超国家企業の利益の方に顔を向けているので、国連は財布の紐を固くするからである。そこでわれわれは提唱したい。国連は自主財源を強化するために、課税対象とする資源の使用は、大洋漁業、海底鉱物採取、シー・レーンの利用、宇宙開発、電磁波の利用、CO_2やＣＦＣの排出よる大気汚染、水域の油濁、廃棄物の海洋投棄、原始林の伐採、武器輸出などである。TOESのこの政策提案は百年紀の挑戦であり、国連の自主財政の強化と地球的規模の持続可能な発展にとって一石二鳥の政策である。（ジェームズ・ロバートソン著 *Transforming Economic Life*, 一九九八年邦訳『二一世紀の経済システム展望』参照）

Ⅳ　G8ハリハックス・サミット（一九九五年）の声明にもかかわらず、IMFと世界銀行の構造調整という従来の金融政策は改められてこなかった。これらの機関の指針は西欧資本主義の線に沿う効率志向型の経済である。それとは逆に、アジアの経済の伝統的原理は競争ではなく、IMFや世界銀行などの国際金融がまったく無視してきた共存と共栄の原理である。われわれはグローバリゼーションの原理こそ持続可能な発展、貧困の絶滅、環境の保全および協同の奨励であるべきだと主張する。そのための諸政策は食料、エネルギーの自給と地域社会の経済的自立を強化するものでなければならない。

Ⅴ　超大国は一九九七年の気候変動に関する京都会議の決議を厳密に実行し、CO_2やその他のガスの排出量の削減目標を達成しなければならない。排出権の身勝手な欺瞞《ぎまん》的適用は地球環境の保全に逆行している。すべての先進工業国は炭素―エネルギー税を採用し、消費者が化石燃料のかわりにソフトエネルギーを使用することを促進すべきである。NGOがそれに積極的に賛成し参加することが、生活様式の改革にとって不可欠である。

Ⅵ　最近うれしいニュースが二つある。一つは、核保有国の間で、本年五月に核拡散防止条約の合意が得られたことである。他の一つは南北朝鮮の和解と再統一の道が拓かれたことである。強国の間の相互譲歩がなされるには、世界の人々とそのNGOによる粘り強い要望があったからである。われわれはインドとパキスタンが包括的核実験禁止条約に批准することを期待している。

他方、アジアにはいくつかの民族紛争が局地的戦争の引き金になる恐れのある地域が存在している。国連は平和維持軍（PKF）の派遣より前にアジアの安全保障のための調査のネットワークをつくるべきである。東洋の思想によれば、NGOの調査ネットワークのようなソフトウェアは軍隊のような強力なハードウェアの使用よりも強い場合がある。NGOネットワークの強化のために、われわれは環境税あるいはⅢ節で述べた超国家企業にたいする課徴金を国連平和維持基金の財政支援にあてることを提案したい。

Ⅶ　近い将来の国連の上記の平和維持活動と平行して、アメリカ合衆国は沖縄の軍事基地の撤収行動を起こし、現沖縄県が設定し要望している一五年の使用期限より前に撤収を実行すべきである。日米安全保障条約に基づくアメリカ軍の駐留は、アジアにおける防衛力の軍事バランスをとることよりも、むしろアメリカ軍の攻撃力の強化にたいして、東アジアの民衆の敵意と警戒心を呼び起こすものとなっている。

安全保障問題については、日本政府は日米間の安全保障の関係条件、とくに沖縄の軍事基地に関する約束条件を公開し、基地の撤去について米国政府と交渉すべきである。軍事基地を原則として縮小するという米軍の約束にもかかわらず、その実行はこれまで遅々として進んでいない。日本の安全保障について日本政府の自信のなさのために、日本政府は米軍基地の撤去について主張することを躊躇している。日本のNGOが文化情報の交流、経済開発の協力を通じて、国境を超えたアジアの安全保障の維持に努めるならば、東洋の知恵に照らして、軍備競争は次第に無意味なものとなるであろう。

Ⅷ　一九九九年一一月、シアトルでのWTO会議に参集したアメリカや世界各国からのNGOは抗議デモを行なった。これらのNGOは社会的、文化的、環境およびその他の点で著しく条件の異なるアジアやその他の地域にグローバル・スタンダードなるものを性急に決定しないことを要求した。かれらのWTOのグローバル基準の決定にたいする批判は、その決定が少数の専門家の密室の協議に委ねられている点と、その基準が超国家企業に有利なものであるという点にあった。NGOは二〇〇〇年のG8サミットがWTOにたいして次期の会議で、貿易基準に次の条項を採用することを申し入れる。

(i)　農業ことに米作農業の保護

(ii)　諸地域における現在の生物の多様性の保護

(iii)　民衆の伝統産業の保存に必要な収益の保障

(iv)　生産要素の地域的差異（たとえば労働―資本および賃金―利潤の関係のさまざまな形態）を認めること

(v) 国際的競争力の劣る者への思いやり
(vi) 多様な文化遺産にたいする尊敬
(vii) NGOと政府など基本的人権擁護団体が参加する民主的な政策決定
(viii) 基本的人権の保障
(ix) WTOのルールの作成と適用など協議の透明性の確保
日本の消費者は遺伝子組み換え食品および種子にたいする知的所有権の適用の防止を要求している。

IX 最貧国にたいするODAと非ODAの債務の支払い免除はTOESの長年の主張である。それがG8によって誠実に実行されることを期待するとともに、債務の再発防止のために、債務国や海外のNGOの多面的な委員会による監視のもとに進められることを希望する。

X G8サミットの新しいテーマである情報技術(IT)にかんしては、表現の自由の範囲、プライバシーの保護や犯罪の防止などモラルのグローバルな基準の設定について、討議されるべきである。その基準の設定はNGOとの共同作業でおこなわれることが望ましい。
ITの前提としてG8は発展途上国の教育に投資を増やすべきである。われわれは債務国が上記の債務の返済免除分を教育基金に積み立て、教育プランはNGOの支援のもとに実行されることが望ましいと考える。

付録2

TOES／JAPAN声明

二〇〇〇年七月一九日

TOES／JAPANは、二〇〇〇年七月一八日、沖縄県青年会館において、ピープルズ・サミットを開催し、同会議は大凡次の合意に達した。

1　二つのグローバリゼーションの認識

グローバリゼーションには次の二つの種類がある。

(a)　「上」からのグローバリゼーション

これは巨大法人企業のための力による統治であって、人間の生命、生活の安全、自由、財産にたいする支配のための暴力を合理化するものである。

(b)　「下」からのグローバリゼーション

これは(a)にたいする大衆の抗議行動の地球的規模の連帯である。

2　軍事基地の撤去

沖縄の軍事基地は人権の侵害、環境の破壊、地域経済構造の歪曲を引き起こす原因であるから、これは解体（スクラップ化）し、撤去すべきものである。

3　沖縄振興の基本方向

沖縄は基地経済と公共投資依存型の従来の経済構造から脱却するため、沖縄の持つ長所（地理的位置、自然資源、伝統芸能、人情など）を生活者の視点に立って活かす内発的開発（人間的ふれあいや癒しのあるグリーン・ツーリズムを含む）の道を追求する。農業においても花、果樹、野菜などの成長作物の振興をはかる。かつて沖縄の自立運動では、本土との「地域格差」の負の面を強調するあまり、交換条件としての基地の存続を容認する傾向が一部にあったとすれば、これを厳正に反省する必要がある。

4　基地の跡地の利用について

ＳＡＣＯ（日米特別行動委員会）に基づき返還される基地の跡地利用は、上の基本方向を具体化する当面の課題である。その焦点となる普天間の跡地利用を例にとると、大企業を誘致する経済開発よりも、現にある国際センターの拡充として、アジア経済圏の形成のための人材育成事業、研究開発、地域紛争の軍事力による解決にかわる予防事業などの社会開発の方向を検討すべきである。そのためには、市民とＮＧＯが参加するプロジェクトの創設と民主的に管理される基金の設立が不可欠である。軍事基地の跡地利用については、米国カリフォルニヤ州のオート・メイスン・センターの事例が参考になる。

5　東南アジア・東アジア交流圏の形成との関連

沖縄・九州は東南アジア・東アジアの交流圏のジャンクションとして、経済、文化、ＩＴネットワークの回廊に位置づける方向をとるべきであろう。

６　新しい自治制度の要求

以上の諸方策を実現するには、地方分権化を内実のあるものとするため、地域問題に関する住民の自主的決定権の強化のための「地域条例」の制定や「特別自治制度」（一国二制度を含む）を法制化することを提案する。

以上

付表　WTOに関する略年表

年（西暦）	国際機関の動向、各国政府間の公式交渉	年（西暦）	市民団体・途上国などの国際対抗運動
一九〇〇年代			
四四	ブレトン・ウッズ協定締結		
四五・一〇	国連成立		
四五・一二	国際通貨基金（IMF）設立		
	世界銀行設立		
四七・一〇	ガット成立		
	第一回関税交渉		
四八・一	ガット発効（二三カ国）		
四九	第二回関税交渉		
五一	第三回関税交渉		
五五・九	日本ガット加盟	五五・四	アジア・アフリカ会議
五六	第四回関税交渉（二二カ国）		

五七	欧州共同市場条約調印
六〇～六一	第五回ディロン・ラウンド、関税交渉
六三・二	日本、ガット一一条国移行表明
六四～六七	第六回ケネディ・ラウンド、関税・反ダンピング交渉
六四・三	ジュネーブ国連貿易開発会議（ＵＮＣＴＡＤ）開催
六六	「国連開発計画」設立
七一・八	国際通貨、金ドル本位制から変動相場制への移行
七三～七九	第七回東京ラウンド、関税、非関税措置

六〇・九	石油輸出国機構（ＯＰＥＣ）結成
六四・六	国連貿易開発会議で南の最大連合、グループ７７（Ｇ―７７）結成
六八・一	サウジアラビアなどアラブ石油輸出国機構（ＯＡＰＥＣ）結成
七三	Ｅ・Ｆ・シューマッハ著『スモール・イズ・ビューティフル』出版。第三世界の理論的登場。
七三・一〇	ＯＡＰＥＣ　原油生産削減決定（石

七四	国連資源特別総会で「新国際経済秩序樹立」宣言
七五・一一	第一回先進国首脳会議（サミット）、世界経済秩序再建討議（以後毎年開催）
七九	UNCTAD総会（マニラ）
八一・九	UNCTAD第一回会議
八六～九四	第八回ウルグァイ・ラウンド（一二四カ国）。関税、非関税措置、ルール、サービス、知的所有権、紛争解決、農業、繊維などで交渉

	油ショック）
七四	G―77　新国際経済秩序を要求
七九・一	OPEC、原油値上げ（第二次石油ショック）
八〇	国際協同組合同盟「二〇〇〇年における協同組合」（レイドロウ報告）を採択
八二・六	国連軍縮特別総会で反核運動頂点に達す
八四・五	「もうひとつの経済サミット」（TOES）結成（ロンドン）

八七	国連「環境と開発に関する世界委員会」が「持続可能な開発」の概念を提示
八八	国際決済銀行、銀行の自己資本比率規制通告（バブル経済の崩壊はじまる）
八九・一一	東西冷戦の象徴である「ベルリンの壁」崩壊
九〇	国連、後発途上国の発展のための行動計画を採択
九四	ガット閣僚会議（マラケシュ）でＷＴＯ設立を決議
九五・一	ＷＴＯ発足
九六・一二	ＷＴＯ第一回閣僚会議（シンガポー
九〇・六	南側サミット（クアラルンプール）一五カ国参加
九二・六	環境・開発国連会議に途上国参加
九五・三	ラルフ・ネーダー、ＷＴＯを勝手きままな紛争解決機関として反対表明
九五	「人間中心開発フォーラム」のＤ・コートン、ＷＴＯについて「国連超国家貿易投資規制機関」を提案

	ル）。二二項目の交渉テーマ設定、情報技術（IT）合意
九七〜九八	アジア通貨危機で世界貿易混乱
九八・五	第二回閣僚会議（ジュネーブ） WTO本部に一万人の抗議集会
九九・一一	第三回閣僚会議（シアトル）。労組、環境団体などの抗議で騒乱。新ラウンドの立ち上げに失敗
二〇〇〇年代	
〇〇・七	G‐8（沖縄）サミット
〇一・一一	WTO第四回閣僚会議（ドーハ）。非農産品、農業、ルール、サービス、

	国際協同組合同盟「新原則」決定
九八	G—77、南サミット開催を決定
九九・三	ILOディーセント・ワーク・キャンペーンを開始
九九・一〇	ジム・ハイタワー、「グローバリゼーションの実態」について、オースティンで演説
〇〇・四	G—77サミット（ハバナ）開催
〇〇・七	ピープルズ・サミット（沖縄）
〇〇・一一	パブリック・シティズン派、環大西洋巨大企業連合に反対の集会（シンシナティ）
〇一・一	第一回ワールド・ソーシャル・フォーラム（WSF）（ポート・アレグレ）

	紛争解決、知的所有権、環境などを討議。宣言に途上国にたいする特別措置を盛り込む
〇二	日本・アセアン諸国包括経済連携を一〇年以内に実現することに合意
〇三・九	ＷＴＯ第五回閣僚会議（カンクン）。宣言発表なし

〇三	第二回世界社会フォーラム（ＷＳＦ）（サンパウロ、ムンバイ）

参考文献

[単行本]

国際農業・食糧・貿易政策協議会編、吉岡裕監訳『ウルグァイ・ラウンド農業合意』（農林統計協会、一九九五年）
渡辺頼純編著『WTOハンドブック』（ジェトロ、二〇〇三年）
中村耕三著『アメリカの有機農業』（家の光協会、一九九二年）
宮崎隆典著『環太平洋コメ戦争』（集英社、一九九四年）
ダン・モーガン著、NHK食糧問題取材班監訳『巨大穀物商社』（日本放送出版協会、一九八〇年）
井出義光編『アメリカの地域』（弘文堂、一九九二年）
ヘンリー・デスロフ著、宮川淳監訳『アメリカ米産業の歴史』（ジャプラン出版、一九九二年）
八木宏典著『カリフォルニアの米作』（東大出版会、一九九二年）
パブリック・シティズン著、海外市民活動情報センター監訳『誰のためのWTOか』（緑風出版社、二〇〇一年）
TOES／JAPAN編『TOES二〇〇〇　ピープルズ・サミット・沖縄の長所を活かそう』（協

同社会研究会ブックレットNO2、二〇〇〇年)
ジェイムズ・ロバートソン著、石見　尚、森田邦彦訳『二一世紀の経済システム展望』(日本経済評論社、一九九九年)
ジェイムズ・ロバートソン著、石見　尚、高安健一訳『新しい貨幣の創造――市民のための金融改革』(日本経済評論社、二〇〇一年)

［雑誌］

フデリック・クラモント「飲料帝国主義の力学」(『社会運動』一八八号、一九九五年一一月)
マーク・リッチ、カービン・リストウ「民主党のための新しい政治戦略と農業政策の方向づけ」(『社会運動』八四号、一九八七年八月)
ワード・シンクレア「未来を賭ける穀物商」(『社会運動』八九号、一九八七年八月)
コーポレート・クライム・リポーター紙「孤立するアメリカ消費者同盟」(『社会運動』一七二号、一九九四年七月)
マーク・リッチ「ポスト・ウルグァイ・ラウンドを考える」(『社会運動』一七三～一七六号、一九九四年八～一一月)
マイケル・イシコフ「合衆国補助金のゆくえ」(『社会運動』八八号、一九八七年七月)
Third World Resurgence NO.117, Third World Network(月刊誌、二〇〇一年一月)
コーポレイト・クライム・リポーター「オハイオ州で農民の自家採種を取り締まる法案」(『社会運

動』二二九号、一九九九年四月）
Third World Network「タイで非難を集めるモンサント社のプロジェクト」（『社会運動』二三一号、一九九九年六月）
パブリック・シティズン「ＷＴＯ体制の見直しを迫る市民グループの動き」（『社会運動』二三六号、一九九九年一一月）

[外国文献]

John Madeley; Big Business/ Poor Peoples, Zedbooks, 1999
Colin R/ Blackman編　Futures Vol.27 Number 2 ,March 1995
Ronaldo Munck ; Globalisation and labour, Zed Books, 2002
Nicholas Guyatt; Another American Century?, Zed Books, 2000
Michael Hard and Antonio Negri; Another World Is Possible, Zed Books, 2003
Samir Rihani; Complex Systems Theory and Development Practice, Zed Books,2002

あとがき

本書は、私にとって、思いがけない経過から、生まれました。野村かつ子さんが社会運動研究センターの月刊『社会運動』に約二〇年近くにわたって寄稿してきた論文、訳文を編集して、一つの著作にできないかというご本人からの要望があったようです。

その前に、私が野村かつ子著『私の消費者運動』を編集したこともあって、今度も編集の労をとることが期待されたようです。私は多忙でもあり、編集の任に堪えないので、お断りしてきました。ただ『社会運動』誌のそれらの論文が、編集して独立した出版物になるかどうかを判断しましょうと、評価だけを引き受けました。診断の結果は、著作出版物としては適当ではないと判断せざるをえませんでした。

しかし、強い希望もあり、私もそれらの諸論文を何とか生かすことができないかと考えました。いくつかの案のなかで、可能性のある方法として、テーマをＷＴＯに絞り、私が全体を書き下ろし、そのなかで、野村さんの訳・論文からＷＴＯ関係のものを取捨選択して要約し、また一部引用する形にして活かそうと考えました。

幸い、私は農政学徒でもあり、この三〇年間、農村開発計画に従事し、また国際的社会経済運動にも関係してきました。ＷＴＯについては、農業問題の視点から、常日頃考えてきたことや経験をベースにして、枠組みだけを確実にして、ＷＴＯの一〇年の経過については、時の主役達自身に大いに語ってもらえばよいということにしました。それはまた野村さんの仕事を位置づけ、活かすことになるであろうし、実際、大いに役立ちました。そのことによって、日本の庶民にとって遠い存在であるＷＴＯを、何とか身近なものにしたいと考えたのです。そのため、難しい現代国際経済学の専門的な事柄やＷＴＯ交渉の細部は省略しても、事柄の本質と大筋だけは見透しやすい形にしたいと思いました。

事柄の本質とは、いま世界の人々と諸国家が、一九九〇年代から二一世紀にかけてのグローバリーゼーションのなかで、それを超えた新しい世界の経済秩序と社会・政治体制を求めて苦しんでいるのだということです。それのため、ＷＴＯの推進の側とそれにたいする抗議の側、両方の主張の接点を描き出すことにしました。また国民国家の役割、国連とその他国際機関・組織の果たすべきグローバルな機能についても触れることにしました。ＷＴＯの分析を通じて、世界における日本の立場について、一人よがりの日本にならないように、客観的に論評することにしました。

したがって、本書の文責は私にあります。小さい本ですが、世界に向かって正面から発言できる日本を考えるために、いささかでも役に立てば望外の慶びであります。

三月一五日

石見 尚

[著者略歴]

石見　尚（いわみ　たかし）

1925年生まれ。東大農業経済卒。全国指導農協連、国会図書館調査局課長、(財）農村開発委員会常務理事を経て、日本ルネッサン研究所の創立に参加。現在その代表。

協同組合研究家、農村開発プランナー。元東工大講師（非常勤)、農学博士。ＴＯＥＳ（もうひとつの経済サミット）の1993年、2000年のオルガナイザー。「協同労働の協同組合」法制化をめざす市民会議副会長。著書に『日本型田園都市』、『農系からの発想』、『第四世代の協同組合論』ほか多数の著書、訳書がある。現在「循環共生社会システム研究所」理事。その理論と手法によって、インド・西ベンガル州の最貧層の村で食と仕事づくり、衛生のためのモデル的農村開発を手がけている。

野村　かつ子（のむら　かつこ）

1910年、京都・西陣に生まれる。同志社女子専門学校英文科卒。卒業後しばらく間をおき同志社大学文学部に入学、社会事業と倫理学を専攻。同志社「労働者ミッション」に参加。1944年、江東消費組合に入る。戦後すぐに日本協同組合同盟（現･日生協）に参加。主婦連合会創設に参画。1951年、婦人職業協会を設立。1955年日中友好協会常任委員。1959年から総評主婦の会で活動、日本婦人会議常任委員も務める。1971年、ラルフ・ネーダーを招聘。以後、日本消費者連盟の活動に全力投球、国際消費者機構（IOCU）との交流に尽力。75年、海外市民活動情報センターを設立。現在、生活クラブ生協東京顧問、IOCU名誉顧問。著書、訳書多数。1990年、市川房枝基金援助賞、1991年、東京弁護士会「人権賞」、1993年、韓国の「イルガ記念賞」受賞。

WTO――シアトル以後《いご》
下からのグローバリゼーション

2004年4月28日　初版第1刷発行　定価1800円＋税

著　者　石見　尚・野村かつ子
発行者　高須次郎
発行所　緑風出版
〒113-0033　東京都文京区本郷2-17-5　ツイン壱岐坂
［電話］03-3812-9420　［FAX］03-3812-7262
［E-mail］info@ryokufu.com
［郵便振替］00100-9-30776
［URL］http://www.ryokufu.com/

装　幀　堀内朝彦
写　植　R 企 画
印　刷　モリモト印刷・巣鴨美術印刷
製　本　トキワ製本所
用　紙　大宝紙業　E2000

ISBN4-8461-0404-4　C0036